ALICE & ANDREA

Amigas para siempre

RBA MOLINO

Avda. Diagonal, 189 - 08018 Barcelona.
rbalibros.com

Diseño de colección: lookatcia.com

Primera edición: octubre de 2018.

RBA MOLINO
REF.: MONL411
ISBN: 978-84-2721-280-0
DEPÓSITO LEGAL: B. 15.480-2018

Impreso en España - *Printed in Spain*

Maria Ayguadé   Ilustraciones de Laia López

Amigas para siempre

¡La unión hace la fuerza!

RBA

1

Andrea

¡Riiing! ¡Riiing! ¡Riiiiing!

Era el último día de vacaciones y Andrea estaba delante de la puerta de la casa donde vivía su mejor amiga, Alice, llamando al timbre con insistencia. ¡Tenía tantas ganas de verla! Era un día muy especial y Andrea se había puesto sus mejores galas: el mono blanco con encaje para resaltar su bronceado, sus queridísimas sandalias romanas (que no se había quitado en todo el verano) y una diadema de flores de tela que se había hecho ella misma y que era perfecta para su larga melena ondulada.

—¿Quién demonios...?

Abrió la puerta Jamie, el hermano mayor de Alice, con un pantalón de fútbol y una camiseta puesta

del revés y el pelo revuelto. Lo había despertado. Andrea sintió cómo empezaba a ponerse roja tirando a rojísima sin saber hacia dónde mirar. Por suerte, desde dentro alguien lo apartó de la puerta y Andrea pudo respirar de nuevo.

—Oh, God, Jamie! Ve a cambiarte, por favor, y deja de ofender el paisaje con tus, tus... tus bostezos legañosos. —Entonces Alice vio a Andrea—. ¡¡¡Andy!!! ¡Eres tú! ¡Ven, pasa, pasa, estás increíble! ¿Cómo ha ido? ¿Cómo estás? ¿Puedes creerte que mi hermano va todo el día en pijama por casa? ¡Menudo incordio de tío!

Sin dejar de hablar ni un segundo, Alice llevó a Andrea hasta la cocina, la sentó en uno de los taburetes y fue a ver qué encontraba en la nevera para preparar el desayuno.

—¿Qué hora es? ¡Eight o'clock! ¿Has desayunado? Dijiste que vendrías a primera hora... pero en vacaciones eso son las diez y media por lo menos... ¿Tan importante es lo que tienes que contarme? ¿Puedo prepararme antes un vaso de leche o algo? Es que estaba durmiendo, ya sabes... ¿Te apetece un zumo?

Andrea sabía que su amiga podía pasarse horas hablando... sola. ¡Y ella tenía que decirle algo superimportante! Así que cogió el móvil y, sin que se diera cuenta, la llamó. Enseguida, a lo lejos, empezaron a sonar las primeras notas de *Heartbreaker* y Alice se fue corriendo hacia su habitación.

—¿Todavía te gusta esa canción? ¡Cambia de tono, Al! —le dijo Andrea, divertida, cuando Alice regresó con su móvil.

—¡Si lo tiene todo! ¡Ritmo, una letra pegadiza y una melodía ideal para bailar! —respondió ella, también sonriente. Solían discutir en broma sobre el tema porque les gustaban canciones y grupos totalmente distintos—. Imagino que no me has hecho madrugar para que hablemos de mis gustos musicales, *right?*

—*Right, right.* —A Andrea le encantaba que su amiga hablara medio en inglés, le daba un toque muy internacional.

Ahora que Andrea había conseguido atraer toda la atención de su amiga se estaba poniendo nerviosa... ¡No sabía ni cómo empezar!

Alice se había sentado en la encimera de la cocina, con las piernas colgando, para comerse una madalena. Sus grandes ojos verdes, ya mucho más despiertos que unos minutos antes, miraban con curiosidad y algo de diversión a Andrea.

—*¿Y bien...?*

—*He besado a un chico.*

La voz le había salido un poco demasiado aguda pero ya estaba, ya lo había soltado. No quería apartar la mirada de las baldosas blancas del suelo... No sabía por qué le daba un poco de vergüenza habérselo contado.

—*¡Cof, cof, cof!*

Alice se había atragantado con la madalena y, aunque no podía hablar, tenía cara de emoción (o de atragantamiento) y pegó un salto para bajar de la encimera, aunque no le salió muy bien y derramó el cartón de la leche. Justo en ese momento apareció Jamie, ya duchado y vestido. Andrea pensó que olía a manzanas.

—*Sister*, si no te gusta la leche no la bebas, pero no hace falta que la tires...

Con una zancada, pasó por encima del charco blanco, cogió una pera del cesto de la fruta y se sentó al lado de Andrea:

—Yo prefiero la fruta. 

Como ahora tenían compañía en la cocina, las dos amigas limpiaron en silencio el estropicio (aunque Alice le susurró al oído un «*quiero tooodos los detalles*»), prepararon una bandeja con cosas dulces para desayunar y se fueron al cuarto de Alice. ¡Necesitaban intimidad!

Con la barriga llena y el buche vacío, Andrea ya se sentía mucho mejor. ¡Tenía tantas ganas de compartir la historia de su primer beso con su amiga! Pero no las tenía todas consigo. Le daba un poco de miedo que Alice no se lo tomara bien. Todas sus «primeras veces» hasta ahora las habían vivido juntas: el día que empezaron la guardería (aunque no se acordaban, había fotos), la vez que usaron el maquillaje de la madre de Alice (y se pintaron como payasas), el año en el que ellas también pusieron regalos bajo el árbol de Navidad o el cumple de Andrea que celebraron yendo solas al cine, sin

adultos que les prohibieran comprar el cubo gigante de palomitas. Pero, claro, hay cosas que una chica debe hacer sin su mejor amiga...

Fue el último día de vacaciones en el apartamento de la playa. Como su padre era piloto de avión, casi no tenía días libres en verano. Así que desde pequeña los veranos de Andrea consistían en:

- unos días aburriéndose en la mercería de los abuelos (la tienda se llamaba El botón de Graciela en homenaje a su madre, que también trabajaba allí);
- tres semanas de campamento genial, maravilloso y supermusical con Alice;
- y todo agosto y hasta que empieza el curso en un miniapartamento en la urbanización Tres Robles, a pocas calles de la playa, con los abus y mamá.

A Andrea le encantaba la urbanización porque allí podía andar en chanclas todo el día, ir y venir con total libertad, oler las plantas aromáticas de los jardines, ir a la piscina comunitaria (algo anticuada, pero con la temperatura perfecta), hacer amigos, comer helados todos los días, dormir en una litera... ¡El paraíso, vaya! A diferencia de los veranos anteriores, este año Alice no había podido ir a pasar ni un día con ella en la playa. Y por eso no había conocido a Hugo. Bueno, por eso y porque Andrea, un día que estaba haciendo el indio con los de la pandilla de la urbanización, se cayó a la piscina vestida... ¡y con el móvil en la mano! Su madre le había dicho que «para que aprendiera a ser responsable de sus cosas» no le conseguiría otro móvil hasta que empezaran las clases... Así que no había podido hablar cara a cara con su amiga hasta ese momento.

Para Hugo aquellas habían sido las primeras vacaciones en Tres Robles. Y como eran vecinos, Andrea se había encargado de enseñarle todo, desde cómo ganarse a la dueña del pequeño súper (única tienda de la urbanización) para conseguir chicles de regalo con cada barra de pan hasta cómo atajar por debajo de la vía del tren para llegar a la playa sin tener que dar una vuelta infinita. Y precisamente allí se dieron el beso. No en el viejo túnel, claro, que era tan rápido como apestoso, sino en la playa.

—Fue como en las películas, ¿sabes? Los demás de la pandilla habían ido al pueblo, pero nosotros queríamos recoger conchas para llevárnoslas a casa. Y vino una ola enorme y no sé si se resbaló él o me resbalé yo, pero nos abrazamos para no caernos y acabamos empapados.

—¡Qué emocionante!

Alice casi no había parpadeado mientras escuchaba cómo Andrea le contaba todas las veces que se habían mirado, que se habían quedado a solas o que se habían dado la mano por casualidad.

—Entonces nos pusimos a salvo partiéndonos de risa y con los pies mojados... Y nos besamos. Y ya está. No cogimos ninguna concha. Apareció mi abuelo, que venía de pasear, y tuvimos que ir con él hasta el apartamento. Y ya solo hemos hablado por teléfono porque por la mañana él se fue de excursión con sus padres y nosotros volvíamos a casa. Pero es tan...

—*Wait, wait* —la interrumpió Alice—. *¿Te besó él o lo besaste tú?*

Andrea no lo tenía muy claro. Era algo de dos, ¿no? Pero para Alice, que siempre había detestado las princesitas cursis que esperan a que los príncipes den el primer paso, era importante que una chica tomara la iniciativa. Alice era lanzada, sin miedo. Aunque, a decir verdad, cuando la cosa se ponía romántica, ya no era tan valiente... Siempre se enamoraba, pero luego nada. Y eso que a ojos de Andrea era la más guapa de las dos: como su padre era inglés, ella había heredado unos ojos verdes preciosos, una melena rubia y lisa como las de los anuncios de champú y una piel perfecta, con miles de diminutas pecas.

Pero ahora, con su viejo pijama de Hello Kitty y el pelo todavía enmarañado de dormir, abrazada a un oso gigante que ganaron una vez en la tómbola, no parecía ni una princesa cursi ni una chica lanzada... ni alguien que fuera a empezar secundaria al día siguiente.

—Bueno, cambiemos de tema —sugirió Andrea—. Hay que decidir qué nos pondremos mañana, ¿no? ¡Tenemos que estar perfectas! ¿Conoces a alguien de clase ya?

Empezaban en un colegio nuevo: el centro de secundaria Saint John Academy, pero como Jamie ya llevaba un par de cursos allí, Alice quizá conociera a algún compañero de primero.

—Pues creo que iremos con las hermanas de Emily, esa chica pelirroja de la clase de mi hermano. Sé que son gemelas, pero no sé ni cómo se llaman. Espera, preguntemos: ¡¡¡Jamieeee!!!

Tres horas después, cada una de ellas hablaba por teléfono con sus respectivos padres. Por despiste, casualidad o porque a veces las cosas van como van, a ninguna de las dos les habían dicho que ese curso —es decir, mañana— debían llevar uniforme. Era una novedad en la Saint John y Jamie había esperado a que las chicas vaciaran el armario de Alice sobre su cama y a que se probaran todos los posibles modelitos para decírselo. Con toda la inocencia del mundo, habían acudido a él para saber si lo que habían decidido ponerse estaba bien para empezar la secundaria: Andrea con el mono y las romanas, no hay que cambiar lo que ya es perfecto, pero sustituyendo la diadema de flores por un coletero normal y corriente, a sus ojos mucho más escolar; y Alice con unos pitillos negros con desgarrones en las rodillas, una camiseta roja con las mangas cortadas y sus deportivas *fashion*. Sin más. Al fin y al cabo, era su *look* para el colegio.

—*Estáis geniales, girls*, de verdad. *You look cool* —dijo levantando la vista del libro que leía. Algo de Shakespeare, se fijó Andrea.

Las miró a las dos de arriba abajo y con una media sonrisa comentó:

—Aunque vais a parecer unas frikis si os ponéis el uniforme encima de tanta ropa... —Y siguió leyendo tan tranquilo.

¡¿Cómo?! ¡¿Uniforme?! ¿Del de falda y camisa o del de chándal? ¿Les estaba tomando el pelo?

Jamie, con un gesto, fingió que su boca era una cremallera cerrada y no quiso decir nada más del tema a las dos amigas. Ellas, en pocos minutos negaron que fuera verdad, se enfadaron, se convencieron de que era una broma (muy pesada) e incluso se les cayó una lagrimilla de rabia, esperando a poder cambiar a un instituto normal lo antes posible. Y después hicieron lo más natural ante una situación así: llamar a sus padres para que se lo aclararan.

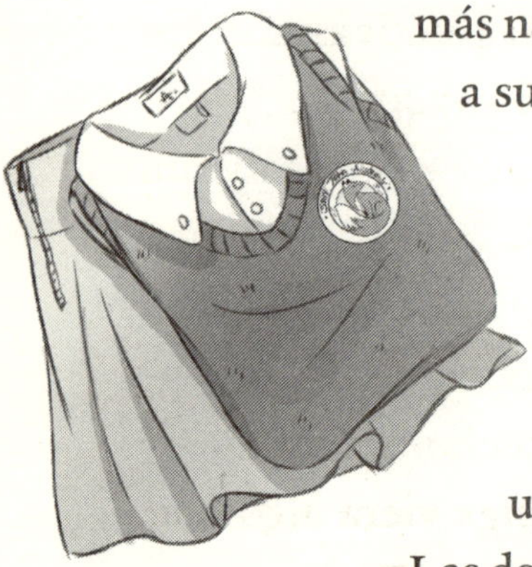

Cuando Andrea colgó, acalorada por la discusión telefónica, Alice había desaparecido. La encontró en el cuarto de la plancha observando la ropa del que sería su uniforme como si la fuera a morder. Las dos se quedaron unos minutos mirándola, en silencio.

—Bueno, no está tan mal, ¿no? —habló primero Alice.

—Por lo menos no tiene corbata. A Hugo le gustaría. Él va a un colegio privado y ha vestido así toda su vida. ¿Te he contado que...?

—Y los zapatos parecen cómodos —la interrumpió su amiga.

—Sí, y son bastante bonitos... —A decir verdad, eran unos zapatos negros cerrados, con cordones. Aburridos.

El resto del uniforme era bastante pasable: camisa blanca, jersey con cuello de pico gris oscuro, falda o pantalón gris claro (¡por suerte había las dos opciones!) y calcetines o medias también grises. Ni rastro de cuadros escoceses ni de corbata como había dicho Andrea ni de americana. Para marcar su propio estilo no les quedaba más remedio que ser imaginativas con los complementos para el pelo y con la chaqueta...

Había tres piezas de cada prenda, así que decidieron probárselo todo para ver las pintas que iban a tener. Y mientras ensayaban poses y ponían caras graciosas ante el espejo, el móvil de Andrea empezó a sonar.

—¡Bien! ¡Mira, mira! —Emocionada, saltaba y blandía el teléfono para que su amiga viera algo que, por supuesto, no había forma de ver—. Es Hugo, me manda una foto. Mira qué guapo, ¿no te parece guapísimo? Es taaan mono...

Era un selfi hecho muy de cerca. Se veía solo un ojo y medio, parte de la nariz, el pelo y media sonrisa. Y había aplicado un filtro con mucho contraste. Alice dijo que sí sin mucho entusiasmo, pero a Andrea le pareció tan maravilloso que no se dio cuenta de nada más que de su propia felicidad.

2
Alice

Eran las 7:47 y no había ni rastro de Andrea. Si se les escapaba el autobús de la Saint John tendrían que andar y andar y... andar. Y los zapatos del uniforme no eran tan cómodos como le habían parecido. ¡Con lo bien que andaba ella con sus deportivas! Todavía no había empezado el curso y ya detestaba el uniforme...

Dos minutos después su amiga apareció por la esquina corriendo, con los rizos alborotados y las mejillas coloradas por las prisas.

—Andy, habíamos quedado a menos cuarto. Casi perdemos el autobús... —la regañó sonriendo, porque en realidad el bus no pasaba hasta menos cinco. Suerte que conocía la impuntualidad de su amiga y siempre quedaba con ella con tiempo de sobra.

—Lo siento, Al. *Sorry, sorry* —respondió Andrea recuperando el aliento—. Es que no encontraba mis pendientes. ¡Es tan aburrido este uniforme! Necesitaba darle un poco de vida.

Andrea se apartó el pelo, dejando al descubierto dos grandes pendientes de coco con plumas azul celeste. Eran muy de su estilo: étnicos y llamativos. Sonriendo, Alice le mostró a su amiga todas las chapas que se había puesto ella en la camiseta y la falda. Algunas, de sus grupos de rock favoritos; otras, con frases que le gustaban: «Don't grow up, it's a trap», «Good vibes only» y «Girl Power».

—Esta la has elegido para *THE KISS PROJECT*, no disimules — afirmó Andrea, señalando la última chapa.

Alice se puso roja como un tomate. Así había llamado su amiga a lo que, según ella, era un plan para que Alice diera su primer beso lo antes posible. El día anterior por la tarde, cuando lo propuso, ella disimuló como si el tema no le importara, pero lo cierto es que sí tenía ganas de emocionarse como Andrea con Hugo y de sentir esas mariposas en el estómago de las que todo el mundo hablaba.

—*Ready for adventure, girls?* —Su hermano les

pasó el brazo por encima de los hombros a ambas interrumpiendo la conversación. ¿Las habría escuchado? ¡Lo último que necesitaba era que Jamie estuviera informado sobre sus besos o no besos!

Justo en ese momento, el autobús frenó unos metros más arriba de la calle y abrió la puerta. Había llegado la hora de la verdad.

Alice volvió a mirar su reloj (uno digital, dorado y pequeño): ya eran más de las 8:30. Según la carta que había llegado a su nombre y que sus padres habían olvidado darle hasta la noche anterior, la bienvenida tenía que haber empezado ya.

Las dos cruzaron las dos grandes puertas del auditorio a toda prisa y en silencio, esperando que todas las miradas se giraran hacia ellas, las tardonas, pero por suerte nadie se fijó en las dos amigas: los demás alumnos de primero bastante tenían con pasar sus propios nervios, y los profesores, por el momento, parecían ocupados revisando papeles y charlando entre ellos.

Buscaron dos butacas (bueno, en realidad eran sillas con un brazo plegable para escribir) en una de las filas centrales: el sitio perfecto para pasar desapercibidas, ni muy cerca ni muy lejos del escenario, y con rápido acceso a la salida por si había que salir corriendo. Y mientras Andrea se sentaba muy recta y Alice intentaba que no se le subiera la falda (¡ella era cien por cien de pantalones!), el murmullo de las conversaciones a su alrededor fue creciendo cada vez más.

Alice miró a su alrededor. Sentados solos o en pequeños grupos, había por lo menos cincuenta chicos y chicas vestidos igual que ellas (bueno, los chicos sin falda). Estaba un poco nerviosa... Jamie siempre contaba que la secundaria era otra historia, que había que elegir muy bien las compañías. Y ella, con la ayuda de las películas, había decidido que no le gustaban ni los pardillos ni los que van de guays, ni los pelotas ni los que piensan que todavía están en la guardería, ni los raritos solitarios ni los que han repetido tres veces. Así que, en silencio, empezó a decidir quién podría ser qué.

—¿Al cien por cien con *The kiss project*? —le preguntó de repente Andrea, guiñándole un ojo.

Alice se sonrojó un poco y ambas se pusieron a mirar alrededor. Ahora con un nuevo objetivo. Había bastantes chicos guapos: Andrea no podía parar de señalar con disimulo hacia aquí y hacia allá. Pero, a decir verdad, Alice no sabía si eso serviría de mucho... porque a simple vista es imposible saber si alguien es «especial». Y más cuando todo el mundo va vestido con la misma ropa, sin poder mostrar mucho su personalidad.

Las luces del auditorio bajaron un poco y, lentamente, las voces de los chicos y chicas se fueron apagando. El escenario se iluminó, y con un sonoro *toc-toc-toc*, una señora de la edad de sus madres, bajita y delgada e impecablemente vestida, se plantó delante del micrófono.

—Buenos días a todos. —Tenía una voz bastante potente para lo pequeña que era—. Y bienvenidos a la Saint John Academy. Soy miss Basil, la directora del colegio. Me gustaría contaros un poco cómo va a ser vuestra vida aquí y qué esperamos de vosotros.

En pocos minutos, les habló de las materias que iban a tener durante el curso y de cómo iban a trabajar. Y es que la Saint John era un colegio con una forma de enseñar un poco distinta... Alice sabía por Jamie que no había libros ni cuadernos y que los horarios cambiaban muy a menudo. Así que desconectó del discurso para fijarse en los dos hombres sentados al lado de la directora. Los dos eran bastante jóvenes, aunque uno era muy atlético y guapo para ser un profesor y el otro era un poco más rechoncho y con un bigote rojizo muy gracioso.

Entonces Andrea le dio un pellizco que casi consiguió que se cayera de la silla. La miró con cara de odio infinito e interrogación, todo a la vez. Pero su amiga estaba muy seria, con los ojos puestos en el escenario.

—... ellos serán los tutores de cada uno de los dos grupos. Para cualquier cosa que os preocupe, inquiete o queráis compartir, el señor Alonso y mister Cameron están a vuestra disposición. 😎

Un momento. *¿Había dicho dos grupos?* ¿Y si las separaban? Alice miró a Andrea, que tenía la misma cara de pánico que ella. Y dejaron de respirar.

—Miss Green Salgado. *¿Me equivoco o es usted la hermana pequeña de Jamie?* —preguntó la señorita Díaz, la profesora de Science o, lo que es lo mismo, ciencia, tecnología y naturaleza. Ella, que solía hablar con soltura, solo pudo mover la cabeza asintiendo, muerta de vergüenza. Era la tercera vez que le hacían esa pregunta ese mismo día.

La primera fue cuando, durante la bienvenida, miss Basil llamó uno a uno a todos los alumnos de primero para asignarles una u otra clase. La segunda fue ya en su aula, cuando el señor Alonso, su tutor (el guapo), repasó los nombres de la lista. Aunque él no le puso ese tonillo especial. A Alice no le molestaba ser la hermana pequeña de Jamie, siempre lo había sido, pero detestaba que la gente pensara que era igual que él: notas impecables, sociable, buen deportista... y un gamberro. Y es que a su hermano le encantaban las bromas absurdas y meterse en líos tontos. Como la vez, todavía en primaria, que cogió a Harpo, la mascota de su clase (un ornitorrinco de peluche), lo bañó en pintura escolar de color rojo y lo «paseó» por toda el aula. Todavía ahora había minipisaditas rojas debajo de los radiadores.

Desde entonces, las únicas mascotas que aceptaban en la escuela eran plantas...

La buena noticia era que tenía a Andrea a su lado para apoyarla. *¡Iban a la misma clase!* En toda su vida escolar no se habían separado ni un solo día (bueno, cuando una de las dos estaba enferma, sí, claro) y hacer la secundaria separadas habría sido la peor catástrofe de la historia de la amistad. Cogidas de la mano, con los dedos cruzados y los ojos cerrados, habían esperado a que miss Basil dijera las palabras mágicas.

—... Enrique Ferguson, Andrea Gracia, Alice Green... —Se escuchó el sonoro suspiro de alivio de las dos amigas y, entonces, la directora levantó los ojos de la lista y le preguntó por su querido hermano, centrando todas las miradas del auditorio en ella.

En el último cuarto de hora de la clase de ciencia, Alice puso al día su lista de deseos mental. Desde que pilló a Jamie leyendo su diario, un par de años atrás, las cosas importantes ya no las escribía: las guardaba en la cabeza.

Cambiar a un colegio sin Jamie.
Cambiar a un colegio sin uniforme.
Cambiar a un colegio sin...

Pensando en qué no debía tener su colegio ideal, no se había dado cuenta de que sus compañeros se habían levantado de las sillas y habían empezado a salir del aula. ¡Por fin, la hora del descanso! ¡Y no iba a dejar que ni su hermano ni la falda ni nada le amargara los mejores años de su vida! Agarró a Andrea del brazo y la llevó hacia fuera. ¡Iban a hacer amigos!

La mitad del patio era un gran jardín con césped, bancos para sentarse y muchos árboles. La otra mitad eran campos de fútbol, baloncesto e incluso una pista de patinaje. Sentados a la sombra de una gran palmera, Alice vio a un pequeño grupo de su clase y se acercó decidida, con su amiga unos pasos por detrás. Había que averiguar si eran majos o unos raritos.

—¡Hola! Somos Andrea y Alice. Estáis en primero, ¿verdad? —se presentó con su mejor sonrisa e hizo el gesto de sentarse a su lado.

—Muy bien, hermana de alguien que lleva chapas cutres, gracias, *bye* —respondió una de las chicas, dejando helada a Alice, que no pudo más que mirarla fijamente, seria, unos segundos. Hasta que el resto de la pandilla, un chico y una chica, se pusieron a reír como hienas, y ella y Andrea decidieron regresar al edificio.

Ya sabía cuál era la tercera cosa que no quería en su colegio ideal...

BYE BYE BYE BYE BYE BYE BYE

3

Andrea

—Son las comadrejas, unos monstruos —comentaba a su lado un chico bajito y muy delgado, con unas gafas naranjas—. Lo sé porque iban a mi misma escuela de primaria: Candy, Vicky y Rudy. Tened mucho cuidado con ellas porque de lo contrario os harán la vida imposible.

—Eso ya lo veremos —respondió Alice todavía mirándolas—. Cuéntanos más.

Javi, que también estaba en su clase, les contó quién era quién durante lo que quedaba de descanso (en la Saint John no se hablaba de «recreo»). La chica que había dejado sin palabras a Alice era Candy Lee: muy guapa, con rasgos asiáticos y la hija mimada de unos padres con bastante dinero. La otra chica, Vicky Pérez, era su sombra, aunque bastante más normalita. Y el chico, Rudy Molinari, de piel muy fina y lengua de serpiente, era tan divo como Candy pero no tenía chófer (y ella sí), de modo que no había discusión sobre quién era la líder del grupito. Curiosamente, los tres llevaban el mismo corte de pelo, estilo champiñón. Claramente, ellos pensaban que eran lo más.

—¿Por qué «comadrejas»? —preguntó Andrea ya de camino al aula.

—Cuando estábamos en tercero de primaria fuimos al zoo, y haciendo el tonto se metieron en el recinto de las comadrejas —respondió Javi—. Las comadrejas son unos bichos con el cuello muy largo y que por las noches se meten en las madrigueras de ratones y topillos para comérselos...

—Chicos —concluyó Andrea—, me parece que con personajes así en nuestra clase este curso acaba de complicarse.

Javi asintió con cara de «te lo digo yo, que ya sé de qué va».

—De eso nada —respondió Alice, con aire triunfal—. Esas comadrejas no saben con quién se las van a tener que ver. ¡Tenemos que pensar una buena venganza!

—¡La venganza! Escribidlo en vuestras cabecitas y cuadernos bien clarito: V-E-N-G-A-N-Z-A. Venganza, honor, honra. Todos son grandes sentimientos que han movido el mundo a lo largo de los siglos.

Miss Fountain se había subido a una silla para dar más fuerza a sus palabras. Andrea, sentada delante, giró la cabeza para ver las caras de sus compañeros. Nadie mirando por la ventana, nadie consultando disimuladamente el móvil, nadie durmiendo: todos con cara de pasmarotes, mirando sin parpadear a la profesora de Arts. Sin duda, había captado la atención de los alumnos.

Andrea no era muy fan de las venganzas: lo suyo era más «Peace & Love». Por muy bordes que hubieran sido las comadrejas con Alice o por muy artística que le pareciera a miss Fountain, Andrea prefería pensar que había mejor solución que devolverla con creces... Como dijo Gandhi, «ojo por ojo y el mundo acabará...». No se acordaba de cómo acababa la frase, pero la idea era que el mundo acababa fatal.

Aun así, le gustaba la pasión que le ponía miss Fountain a la asignatura. Era una señora un poco más joven que su abuela, con una larga melena blanca y un vestido con estampados africanos de color morado y grandes collares dorados. Alice le había contado que los de tercero la llamaban «la hippie»... ¡Como si fuera algo malo! Los hippies admiraban a Gandhi y también defendían el poder de la paz y el amor. ¡Tenía que compartirlo con Alice! Aunque su amiga estaba totalmente hipnotizada con el discurso de la profe.

Brrr, brrr.

El zumbido en su regazo la hizo volver a la realidad. ¡Un mensaje de Hugo! Era solo un corazón, pero era taaan mono... Su corazón, el que bombea la sangre, empezó a latir más fuerte. Y le mandó de vuelta una carita sonrojada y otra con un beso.

¡Cuánto lo echaba de menos! No sospechaba que una relación a distancia fuera a ser tan difícil...

De pronto Alice le pellizcó el brazo. Miss Fountain se había callado.

—Andrea, ¿verdad? Andrea, Andrea, Andrea... ¿Qué opinas tú de la tragedia? —la profe la estaba señalando a ella desde su silla-pedestal.

Andrea quería desaparecer, se puso muy colorada y la melena, sin que ella hiciera nada, le tapó media cara. Se hundió más en la silla y emitió un pequeño gruñido. Alguien, desde el fondo del aula, le tiró bolitas de papel.

Se escucharon risitas (malvadas). Ella no pudo levantar la mirada.

—*Oh, great!* —Miss Fountain se levantó de la silla y, con ella, dio un golpe en el suelo—. ¿Nadie me va a contar qué es una tragedia? ¿Nadie ve la tragedia aquí?

Silencio.

Una chica, entonces, levantó la mano con timidez.

—En una tragedia, los protagonistas no pueden evitar hacer lo que hacen. No pueden evitar odiar o amar. Y eso los mete en problemas y acaban todos fatal.

—Bien, bien. Gracias.

Miss Fountain empezó a pasear delante de los alumnos, pensativa. Andrea pidió a los astros y a todos los dioses que le sonaban que no se detuviera delante de ella, que pasara de largo. ¡E incluso que no le confiscara el móvil! Ella no quería ser el centro de atención. Pero, por supuesto, se detuvo frente ella.

—Andrea, por ejemplo, no ha podido evitar usar su móvil durante la clase. A pesar de que va contra las normas de la escuela. Más vale que fuera importante. —Pausa—. He aquí un conflicto. Un problema, como ha dicho su compañera. —Segunda pausa—. Y alguien, algún compañero graciosillo, no ha podido evitar tirarle papelitos y reírse. Por la espalda y sin dar la cara. Esto es una vileza, evidentemente. ¿Por qué lo han hecho?

¿Por celos, por llamar la atención, por miedo, por venganza? —Tercera pausa, mirando a toda la clase—. ¿Veis cómo se gesta una tragedia?

—Disculpe, miss Fountain. —Alice se había puesto de pie—. ¿No le parece que exagera un poco?

—Miss Green, Alice, por supuesto que sí. —Y ya más relajada añadió—: Solo quería que vierais que la tragedia puede estar en cualquier parte. Depende de cómo gestionemos los sentimientos, algo tan trivial como mirar el móvil durante la clase o ser desagradable con una compañera puede convertirse en algo terrible. O puede que no pase de aquí.

La Saint John parecía un museo de arte moderno como los de las películas. O eso pensaba Andrea: un edificio enorme, paredes blancas, suelos blancos, techos altos, grandes cristaleras y pasillos interminables. Y ahora mismo, se sentía como si todas esas líneas rectas y espacios luminosos fueran el infierno.

¡RIIIINNGG!

Sonó el timbre. Por fin podían salir de allí.

—Una última cosa. —Miss Fountain detuvo con su voz a todo el mundo—. Leed a Shakespeare. *Romeo y Julieta*. Vamos a representarla en el festival de invierno.

Y así, solo con estas pocas palabras, la sangre de Andrea volvió a circular por su cuerpo. ADORABA *Romeo y Julieta* desde siempre. ¡Representarla era un sueño hecho realidad! Miró a Alice, buscando su complicidad, pero su amiga tenía la cabeza metida dentro de la mochila. Quizá para ella el primer día había sido demasiado... ¡Tendría que animarla ya!

4
Alice

—¿Tú eres la hermana de Jamie?

Otra vez... ¡Ni en la calle se salvaba! Alice ya no sabía dónde meterse.

—También podemos decir que Jamie es mi hermano, ¿no? —respondió, sin levantar la vista del suelo.

Junto con Andrea, iban camino de la mercería de la familia de Andrea. Habían prometido echar una mano (la vuelta al cole es temporada alta para cintas y botones) a cambio de churros y chocolate caseros. Con el día que llevaba, se merecía algo que endulzara su vida.

—Ella prefiere que la llamen Alice —añadió a la defensiva su amiga—. Yo soy Andrea. ¿Y tú...?

—Perdonad, chicas. —Alice la miró, le sonaba de algo. Pelirroja, melena larga recogida en una coleta alta, ojos azules—. Soy Claudia, una de las hermanas de Emily Roy. Va a la clase de Jamie.

—¡Claro! —Alice se detuvo para darle dos besos—. *Sorry*, es que hoy todo el mundo me habla de él...

—Sí, ya lo he visto. Solo quería decirte que no te preocupes, lo olvidarán enseguida. —Alice puso cara de no creérselo—. A nosotras nos pasa todos los años... Y, además, mis padres han tenido la genial idea de pedir que pongan a Ángela en la otra clase. Como si separándonos unos metros fueran a desaparecer las comparaciones. ¡Si somos idénticas!

—Ostras, qué rollo —comentó Alice. Se notaba que Claudia habría preferido ir con su hermana. 🙊

—Sí, bueno, supongo que nos acostumbraremos —respondió la chica, pensativa. Y sonriendo de nuevo añadió—: Solo quería saludaros, me están esperando. ¡Nos vemos mañana! ¡Chao!

—¡Chao! —respondieron a la vez Alice y Andrea.

Parecía una chica maja. Las dos amigas se quedaron mirando cómo Claudia se alejaba corriendo, calle abajo, hasta unirse a otras dos chicas tan pelirrojas como ella. Alice pensó que su vida sería muy distinta si en lugar de un hermano superpopular hubiese tenido una hermana un poco simpática...

Había un buen paseo hasta la mercería. Y las dos amigas, poco a poco, se fueron animando. Habían tenido un primer día terrible. Aunque, para ser sinceras, no todo había sido tan malo... En general, la gente parecía amable, y seguro que iban a conocer a nuevas y buenas amigas. Además, las materias que impartían en la escuela Saint John parecían interesantes y, lo más importante, les habían dejado elegir compañera de trabajo para el primer proyecto de **Communication**. Aunque el señor Alonso no les había querido desvelar en qué iba a consistir el trabajo.

—¿Tú crees que estará relacionado con ***Romeo y Julieta***? Al fin y al cabo, el teatro también es comunicación. —Andrea estaba entusiasmada con lo de la obra. Suerte que eso la había animado, porque Alice estaba fatal... Y era ella la que las había puesto en el punto de mira de las comadrejas—. Además, en esa obra hay algún que otro beso. ***Quien tenga la suerte de hacer de Julieta va a besar a un Romeo de carne y hueso.***

¡Uh, uh! No es que me interese, claro, yo estoy con Hugo, lo sabes, y no dejaría que nada me fastidiara la relación con mi primer novio. Yo solo digo que mañana tendremos que mirar bien quiénes son los candidatos...

Las palabras de Andrea animaron un poco a Alice. Ella no lo había pensado, pero tampoco era mala idea, *right*?

Estaba tumbada en la cama, mirando al techo y escuchando una lista etiquetada como «Para levantar el ánimo». Lo había pasado bien ayudando a Andrea en la mercería, pero ahora que había vuelto a casa, las emociones acumuladas se habían convertido en cansancio. Estaba tan agotada que ni se había quitado el uniforme. Cerró los ojos.

De pronto, notó unos destellos de luz. ¿Se había dormido? Se incorporó de un salto, pero solo era Jamie jugando con el interruptor de su cuarto. Se quitó los auriculares.

—Llevo una hora llamándote. Dice *daddy* que bajemos a poner la mesa. Te toca a ti, ¿verdad?

—*It's ok*, déjalo, ahora voy.

Alice no tenía suficiente energía para empezar a discutir. Arrastrando los pies, fue al armario para ponerse ropa de ir por casa y empezó a quitarse los calcetines, pero de repente se dio cuenta de que su hermano todavía estaba de pie en la puerta. Le lanzó una mirada de «vete de aquí, que voy a vestirme y he tenido bastante de ti por hoy». Pero él no pareció entenderla, porque fue a sentarse a su cama.

—Oye, Al, he hablado con Emily... —Y le dio una palmada al colchón para que fuera a sentarse con él, como hacía mamá cuando quería hablar de algo serio.

—¿Ya te ha mandado a paseo? —A Alice no le apetecía ni una historia más sobre lo maravilloso que es el amor, con Andrea ya tenía bastante. Además, Jamie no era su amigo; iba de serie cuando ella nació, así que no tenía por qué escucharlo.

—No, en serio. Siento haberte fastidiado tu primer día, aunque haya sido sin querer. ¿Te apetece contármelo? Emily sabía algo por sus hermanas, pero seguro que hay más, ¿verdad?

—Te das cuenta de que acabas siempre las frases con la palabra «verdad», ¿verdad?

Alice ya empezaba a sentirse mejor. Así que le contó a su hermano mayor todo lo que le había sucedido, incluso el episodio con las comadrejas y el numerito con

los papeles que le habían montado a Andrea en clase. Y a medida que las palabras salían de su boca, sentía que el peso que tenía en el estómago se iba aliviando..., pero en cambio la cara de Jamie se ponía más y más seria.

—Esto no puede seguir así... Los profes van a olvidarse de mí en cuanto vean lo brillante que eres —¡Alice tenía hasta ganas de abrazarlo!—, pero **esa pandilla con pelo champiñón se merece una lección** de los hermanos Green Salgado. Ya se me ocurrirá algo, tú tranquila. —Alice sonrió. Le gustaba tener a Jamie de su parte—. Por otro lado, he pensado que debería compensarte por lo que has tenido que pasar por ser la hermana de alguien tan famoso como yo... —Alice no tenía claro si su hermano bromeaba o solo fanfarroneaba, la verdad.

Pero resultó que se ofreció de verdad a ayudarla en lo que ella quisiera. Recordaba que de pequeños, cuando uno lastimaba al otro o lo hacía llorar, sus padres les hacían «reparar» al que estaba triste o dolorido. Es decir, si Alice le daba un pellizco a Jamie, además de ponerle agua y recitar el cura-sana, debía hacerle un favor que él elegía: ayudarle a hacer la cama durante una semana, prepararle el desayuno el sábado o prestarle su juguete favorito. Una vez, Jamie la hizo tan gorda que Alice logró que fuera su cliente del supermercado durante un mes. ¡Le encantaba jugar a las tiendas!

Pero ahora Alice tenía ya doce años (o casi), ¡no podía pedirle ninguna tontería! Ni juguetes, ni desaprovechar una oportunidad así solo para ahorrarse poner el lavaplatos... ¡Debía pensar algo grande! Seguro que si lo hablaba con Andrea se le ocurriría una buena idea. A veces daba la impresión de que su amiga conocía mejor los puntos fuertes de Jamie que ella misma...

A la mañana siguiente Alice madrugó. Como la noche anterior ella y Jamie habían llegado tarde a poner la mesa y a cenar, sus padres decidieron que debían preparar la comida para todos... ¡toda la semana! Y el clásico cara o cruz había decidido que el primer día le tocaba a ella la primera. Mientras se recogía su «pelo de-loca-que-acaba-de-saltar-de-la-cama» se prometió no volver a echar nada a suertes con su hermano. Por lo menos, hasta que hubiese evidencia clara de que su suerte había cambiado (o descubriese cómo amañaba Jamie la moneda).

Bajó a la cocina dispuesta a preparar un buen manjar para toda la familia. ¿Pollo rebozado o cuscús con espinacas? Algo rápido y sabroso y que no fuera a quemársele: sin duda, cuscús. Además, Jamie detestaba las espinacas. Que tuvieran una tregua no le prohibía tocarle la moral con la comida... Preparó todos los ingredientes encima del mármol y les sacó una foto con el móvil: la cebolla y el pimiento ya picados; las espinacas (congeladas) en un bol; las pasas, los piñones y los orejones en tres montoncitos y el cuscús formando un volcán. ¡Le mandaría a su hermano un mensaje de buenos días con foto!

—*Good morning, Alice!* —Su padre la besó en la frente y le ofreció una taza de té—. *It looks so yummy.*

Mágicamente, siempre aparecía cuando alguno de sus hijos iba a encender un fogón: ¡era un detector andante de riesgos culinarios juveniles! Aunque a Alice ya le venía bien, así ella podría desayunar tranquilamente mientras él «vigilaba» el sofrito.

—Pero ¡qué asco! —se escuchó a lo lejos. Y acercándose más—: ¿A quién se le ocurre dejar cocinar a una niña pequeña? ¡Cualquier día nos encontraremos estofado de chuches con brécol en la fiambrera! *Daddy*, ¿tú la apoyas en esta farsa culinaria? *Oh, my god!* Yo paso, *bye!*

Como un huracán, Jamie había entrado en la cocina quejándose y ya vestido, con la mochila a la espalda y un libro bajo el brazo, había cogido un par de manzanas para desayunar por el camino, le había sacado la lengua a su hermana y había salido a la calle sin mirar atrás. ¡Llegaría al colegio antes de que abrieran las puertas! Alice se concentró en el agua que hervía para el cuscús.

—¿Es tuyo, Alice? ¿O se lo ha dejado tu hermano? Aquí se va a manchar. —Su padre le mostraba el libro que Jamie acababa de dejarse al lado del frutero.

Alice hizo un gesto con la cabeza señalando la puerta. Pero entonces volvió a mirar el libro. ¡No lo podía creer! ¡Ya lo tenía! ¡Ya sabía lo que iba a pedirle a su hermanito! Aunque quizá tendría que prepararle un poco de pollo rebozado como símbolo de paz... El libro se titulaba *Selected Tragedies, by William Shakespeare.*

5

Andrea

¡Por fin sábado! Andrea abrió los ojos y los volvió a cerrar, muy fuerte, para ver puntitos brillantes. Lo hacía todas las mañanas para recordarse a sí misma que hay magia en el mundo. Aunque no se viera a simple vista... ni estuviera muy presente en su primera semana en la Saint John Academy. Ella y Alice habían sufrido las «bromas» de las comadrejas (cuchicheos, notas en la taquilla y dibujos en sus sillas) y, encima, su amiga estaba muy seria con ella... Un día incluso la abandonó para ir a comer con su hermano. Por suerte, Claudia y Ángela, las gemelas, la vieron sola y se sentaron con ella.

Se incorporó en la cama para levantar un poco la persiana. Todavía era pronto, la luz de la mañana era suave, no tenía prisa. Así que volvió a tumbarse para pensar. En realidad, no todo había ido mal. Ella y Alice iban a la misma clase y, además, se sentía mayor. Había cambiado. Entre el verano, Hugo y el beso, y su experiencia en la Saint John Academy, **sentía que su vida empezaba a ser la de una adolescente.** ¡Y eso le encantaba!

Su primera decisión del día, ya de mejor humor, fue mirarse en el espejo. ¡Tenía que deshacerse ya de los pijamas infantiles! De no ser por su melena, larga, ondulada y, tras la noche, enmarañada, parecería una niña... o, peor, un niño. Demasiado delgada, demasiado bajita. ¡Ohhhh! Abrió el armario en busca de inspiración.

—Ha llamado Alice —le dijo su madre, que la miraba con curiosidad desde la puerta— para decir que quedáis directamente en la biblioteca. Acuérdate de que comemos a las dos en punto. Tu padre vuela esta tarde y no podemos retrasarnos.

—Gracias, mamá. —Miró el móvil, que estaba en silencio. Tenía diez mensajes y tres llamadas de Alice. Y una nota de voz de Hugo.

—¿Necesitas que te ayude con la ropa? ¿Quieres que te prepare el desayuno? Papá ha salido a correr, pero yo hasta las diez no abro la mercería.

Lo cierto es que la barriga de Andrea estaba vacía y habría agradecido un desayuno especial de fin de semana, pero decidió que las chicas de secundaria no necesitan que sus padres se lo hagan todo. Tampoco vestirlas, por supuesto. Además, quería leer tranquila sus mensajes.

—No te preocupes, gracias, mamá, de verdad. Ahora voy.

Cerró la puerta y se sentó en el suelo. Su habitación no era muy grande, pero daba para una cama, un armario decente, una cómoda y un escritorio pequeñito. Todo en blanco y morado, su color favorito cuando ella y sus padres se mudaron a ese piso. Tenía cinco años. Ahora, tendría que pensar en serio cómo darle un toque más maduro. Pero primero, el móvil.

Los mensajes de Alice decían lo que le había dicho su madre. Que se encontrarían directamente en la biblioteca porque quería mirar unos libros antes. ¿Unos libros? ¿Alice? A Andrea le pareció un poco raro. Al era más de música y vídeos que de libros de biblioteca... Habían quedado para adelantar el proyecto de Communication, quizá tenía que ver con eso. Tendría que preguntarle. Aunque le respondió con un breve «OK» porque quería escuchar el mensaje de Hugo. Cerró los ojos, preparada para la dulce voz de su chico especial.

> «¡Hola! Ha pasado poco tiempo, pero cuento los segundos para volver a verte. Tienes una sonrisa preciosa en tu nueva foto. *Te echo de menos.* ¡Oh, te echo de menos! Un beso».

Lo escuchó cinco veces seguidas. ¡Estaba tan feliz! ¿Sería amor de verdad lo que sentía? Solo de ver su foto en el móvil se le aceleraba el pulso. Le mandó un corazón y una breve nota diciendo que ella también lo echaba de menos. Pero no dijo nada más: no sabía cómo decir todo lo que sentía.

La biblioteca era uno de los lugares favoritos de Andrea: una antigua torre de principios del siglo xx reconvertida en un paraíso de los libros. Y no se habían pasado con la reforma, de modo que conservaba el carácter original (esa era una expresión que había aprendido en los programas de reformas de la tele). No era muy grande, aunque tenía varias salas amplias y luminosas, repletas de estanterías desiguales, y unos cuantos juegos de escaleras empinadas que, en ocasiones, daban a un rellano con puertas cerradas. En realidad, para mucha gente era como un laberinto. Andrea prefería pensar que era un poco como Hogwarts, el internado de Harry Potter, con secretos y magia en todos los rincones...

Encontró a Alice en uno de los sofás de la cafetería, en la planta baja. Metió algo en su inseparable mochila morada y se levantó de un salto en cuanto la vio.

—¡Buenos días, Andy! ¿Preparada para una gran sesión de comunicación?

En realidad, no necesitaban para nada ir a la biblioteca: su trabajo de Communication consistía en escribir un diálogo de dos minutos. Eran las únicas instrucciones que les había dado el señor Alonso. De modo que Andrea no pensaba que fueran a necesitar ningún libro. Pero el lugar era tan bonito...

—Si quieres nos quedamos aquí, ¡puedo invitarte a un zumo! —Su amiga parecía de muy buen humor esa mañana—. Arriba han puesto el aire acondicionado y hace mucho frío.

¡Eran muy buenas noticias! Últimamente Alice había estado un poco rara, distante... Se moría por enseñarle el mensaje de Hugo desde que lo había escuchado. Aunque hasta que no la vio más contenta no se lo había planteado de verdad... Una Alice de mal humor no era el mejor público para su amor. Lo entendía, claro, Al nunca había tenido nada parecido a un novio y era normal que sintiera algo de celos, pero de ahí a no alegrarse por su felicidad... ¡Menos mal que una buena amistad supera todos los baches!

Al final se sentaron en una mesa de la terraza, un pequeño jardín trasero bastante fresco y lleno de plantas colocadas sin orden ni concierto: algunas en macetas de tamaños y formas dispares, otras colgadas boca abajo, otras plantadas directamente en el suelo. Tenía un aire salvaje que Andrea adoraba. La verdad es que allí estaba la mar de a gusto.

—Por cierto, ¿qué libro has cogido antes? Has venido antes a por un libro, ¿no? —se interesó Andrea.

—Sí... Bueno, uno de grafitis, ya sabes... Para inspirarme y eso.

Alice sacó rápidamente su portátil de la mochila y lo

puso encima de la mesita metálica. A Andrea le pareció un poco raro, ¿le estaba ocultando algo su amiga?

—¿*Ready* para comunicarte? ¿De qué te gustaría que hablara nuestro diálogo? —le preguntó Alice, sin levantar los ojos de la pantalla.

—¿Amor? —Vio que Al torcía un poco la sonrisa—. ¿Humor? ¿Algo serio? ¿Una pelea?

Esto último lo había dicho muy bajito. Casi no se atrevía a mirarla. ¿Y si volvía a ser la Alice seria de los últimos días?

—Amor está bien. El amor siempre gusta. Pero tendrás que ayudarme, ya sabes que yo no sé tanto como tú...

Andrea se puso colorada más de alivio que de vergüenza. ¡Por fin había regresado su Alice! Y antes de que pudiera centrarse de nuevo en el proyecto, se apresuró a hacerle escuchar el mensaje de Hugo. Dos veces.

—¡Es taaan mono! Y tiene una voz muy sexy, ¿no?

A Alice le pareció tan bonito el mensaje que propuso usarlo como inspiración para el diálogo que tenían que preparar, cambiando algunas cosas. Al fin y al cabo, nadie les había dicho que no pudiesen recrear una conversación telefónica...

—Por cierto —le dijo Alice mientras recogían sus cosas—, yo también quiero ver tu nueva foto de perfil. En mi móvil no se actualiza... Ya sabes que está un poco raro desde que lo duché...

—Eso te pasa por no dejarlo ni para lavarte el pelo. ¡Tú y tu música! —bromeó Andrea—. ¿Sabes lo más curioso? Hace semanas que no he cambiado mi foto de perfil...

—Pues menudo despiste lleva tu Hugo —le respondió Alice con una sonrisa—. ¡Será el amooor!

Las dos amigas salieron a la calle riéndose y abrazándose. ¡Andrea era tan feliz! Por fin todo le sonreía: tenían un proyecto digno de sobresaliente, Hugo la hacía flotar de alegría y la amistad con Alice iba viento en popa. ¿Qué más podía pedir?

Sintió que el móvil vibraba dentro de su bolso. Era su madre... y eran las 14:03. ¡Oh, llegaba tarde a comer! ¡Se había olvidado completamente de la hora! Escuchó el chaparrón telefónico aguantándose la risa porque, a su lado, Alice gesticulaba como si fuera una mamá enfadada. Cuando colgó, las dos casi lloraban de tanto reír. Al fin y al cabo, eso también formaba parte de hacerse mayor, ¿o no?

El domingo por la tarde Andrea decidió llamar a Hugo. Papá estaba de viaje. Mamá se había ido al cine con sus alumnas del grupo de ganchillo. Los abus habían ido a visitar a una tía o algo así. Y Alice llevaba todo el día en la piscina de sus primos.

Primero, le escribió un mensaje:

«¡Hola, guapo! ¿Te va bien que te llame?».

Luego esperó. Y esperó. Y esperó.

Y mientras esperaba, se probó una nueva cinta para el pelo que le había traído su padre de un vuelo a Dakar. Era amarilla con un estampado en marrón y verde, le favorecía un montón. Entonces, su móvil sonó, haciéndola saltar delante del espejo.

6
Alice

Alice había mentido. Había mentido mucho. Y se sentía fatal. Por eso se escondía dentro de uno de los baños.

—¿A ti no te parece raro? —Andrea la esperaba fuera, pero seguía hablando con ella. Era difícil librarse de alguien en la Saint John—. Le mandé un emoticono de beso anoche y todavía no ha contestado...

Por suerte, su amiga estaba tan distraída con su relación a distancia que no se había dado cuenta de nada. Tampoco había para tanto, era solo una pequeña trampa y, además, seguro que no era la única que lo había hecho. Pero Andrea era tan legal... ¡no había forma de contárselo sin que se enfadara de por vida! Y ella no aguantaría de ningún modo una semana, iba a confesar. Lo haría por la tarde, después de clase. Unas horas más y sería libre.

Aunque no había hecho otra cosa que sentarse a pensar, tiró de la cadena y, con su mejor sonrisa, abrió la puerta.

—Seguro que no es nada. Anda, vamos a clase y deja de preocuparte —intentó tranquilizarla.

Andrea siguió con su rollo de novia abandonada.

—¿Crees que habrá perdido el móvil? Quizá se lo ha dejado en casa o no tiene batería. No sé nada de él desde que hablamos el domingo, ¡y estuvo muy tímido! Ni un triste emoticono... Espero que no le haya pasado nada, imagino que me enteraría, ¿no?

—¿Enterarte de qué? —Jamie las interceptó en el pasillo, rodeándolas a ambas por los hombros.

Alice odiaba que las cogiera de ese modo, pero era divertido ver cómo Andrea se ponía roja como un tomate. Se lo sacó de encima con un codazo suave.

—Oh, nada... —empezó a responderle Andrea, cortada.

—Anda, cotilla, ¿no tienes cosas más interesantes que hacer? ¿Cosas «de mayores»? ¿Jugar a la petanca, ir a ver obras, sentarte al sol? —Alice acudió al rescate de su amiga.

—Será de mayores, girls —respondió él, como si

nada—, pero yo venía a contaros algo que no sabéis y que os va a interesar. Claro, que si no queréis que os lo cuente... 🙊 🐵

Y entonces iniciaron una discusión de esas que le encantaban a Jamie: ellas le pedían que les dijera algo y él se hacía el interesante; ellas se enfadaban y él las picaba; ellas fingían que se iban y él volvía a empezar.

—¡Apartad, raritas! —Candy, Vicky y Rudy pasaron corriendo y derribaron a Andrea, que se agarró a la camiseta de Jamie para no caerse al suelo.

—*You, be careful!* ¡Un día os cargaréis a alguien! —les chilló el chico, mientras ayudaba a Andrea a levantarse—. ¿Quiénes son esos estúpidos? ¡Oh!, los pelo-de-champiñón, ¿verdad?

—Son unas malditas comadrejas.

Alice les hizo un corte de mangas a distancia: esta se la apuntaba.

Entonces aparecieron, también corriendo, Claudia y Ángela.

—*¿No os habéis enterado?* —se detuvo, jadeante, Ángela—. Han adelantado lo de la obra de teatro. Lo van a hacer ahora mismo en el auditorio.

Alice se puso blanca. Andrea empezó a buscar algo en la carpeta. Jamie sonreía. 😳

—*Hello*, hermanitas de Emily —saludó quitándose un sombrero imaginario.

—¡Dijeron el martes que viene! ¿Ves? Está aquí apuntado. —Andrea blandía una hoja delante de la cara de Alice, que estaba paralizada.

«Lo de la obra de teatro» era el *casting* para elegir a los actores de *Romeo y Julieta*, la obra que trabajarían todo el trimestre.

—*You. You!* ¡Tú lo sabías! ¡Y no nos lo has dicho! —empezó a gritarle Alice a su hermano—. Podías mandar un mensaje o algo. ¡Avisar!

—*Oh, sister*, está prohibido usar el móvil aquí dentro... Además, fuisteis vosotras las que no quisisteis escucharme.

—Vamos, Andrea, olvidémosle. —Alice cogió del brazo a su amiga y le hizo una mueca a Jamie mientras caminaban ya hacia el auditorio. Había llegado la hora.

—*Good luck, Juliet!* —le deseó él ya en la distancia.

Alice notó cómo los nervios empezaban a subirle por las piernas. ¿Podría hacerlo de verdad?

Se sentaron al lado de Javi. El señor Alonso estaba respondiendo a una queja de Vicky por el cambio. Finalmente el mismo profesor les explicó la situación:

—Ya sé que no es lo habitual, pero el martes nos han programado un simulacro de incendios que no nos podemos saltar. —Se hizo un silencio, con algunas risitas—. Vosotros no sabíais nada, por supuesto, porque es totalmente sorpresa.

Ahora todo primero se reía, aunque Alice escuchó alguna carcajada demasiado exagerada. Culpa de los nervios, dedujo.

Entonces, el señor Alonso empezó a contar cómo iba a ser el *casting* para los que quisieran hacer de actores. Los demás podrían hacer tareas de vestuario, maquillaje, escenografía, música o sonido e iluminación.

Primera mentira: Alice ya lo sabía. Para ser justos, lo sabía ella y lo sabían todos los que tenían hermanos mayores o habían indagado un poco. Jamie se lo había contado. Pero Andrea se lo preguntó solo a ella y le contestó que no tenía ni idea. De hecho, fingió que no le interesaba lo más mínimo. Segunda mentira.

Los candidatos debían subir uno a uno al escenario, decir qué personaje querían representar y leer un fragmento de Romeo y Julieta, haciendo distintas voces. Los profes (el señor Alonso, mister Cameron y miss

Fountain) elegirían a los actores y actrices para la representación y les asignarían personaje. De hecho, uno que quisiera hacer de Mercucio, el amigo de Romeo, igual acababa de fraile...

Mientras, miss Fountain argumentaba, con su teatralidad característica, que la prueba iba a ser justa para todos aunque nadie hubiese tenido tiempo de preparársela. Así saldría a relucir el talento natural de cada cual. Alice vio cómo Andrea se hundía cada vez un poco más en su silla. Tercera mentira: desde el día de la biblioteca, Alice tenía en su poder un ejemplar de *Romeo y Julieta* con el que poder practicar. En realidad, se sabía el papel de memoria. En español y en inglés. Y su hermano la había ayudado a ensayar.

A partir de ahí, pensó Alice, las MENTIRAS se acumulaban: no había habido ningún libro de grafitis, ni piscina con los primos ni tardes de canguro a su vecino... Si le daban el papel, ¡Andrea no se lo iba a perdonar jamás!

—Andrea Gracia, te toca. ¿Te gustaría tener un papel en la obra? —preguntó mister Cameron. Ella miró a Alice con cara de pánico y se levantó con rapidez.

Su lectura no fue tan mala. A Andrea siempre le había gustado *Romeo y Julieta* y se sabía muchas de las partes sin tener que leer. Pero los nervios la traicionaron, y fue eso, solo una lectura. Javi le susurró que quizá tenía opciones (él, cuando había llegado su turno, había dicho que prefería trabajar con la música), pero Alice sabía que lo iba a tener muy difícil...

Cuando Andrea regresó a su lugar, Alice le apretó las manos en señal de apoyo. Fue el apretón de la mentira.

Sin esperar a que mister Cameron la llamara, Alice subió al escenario. Cuando dijo que quería representar a Julieta le pareció escuchar un gritito ahogado entre el público. Pero no se detuvo. Y se puso a recitar el diálogo entre Julieta y la nodriza, cuando descubre que el chico del que se ha enamorado es Romeo, el hijo de la familia enemiga. Y lo hizo en inglés porque sabía, gracias a Jamie, que eso le daría más puntos.

Al bajar, vio que Andrea ya no estaba. Javi le dijo solamente que se había ido. Alice salió también del auditorio. Iban a tardar en dar los resultados. Ahora, tenía que encontrar a su amiga.

Supo que el *casting* había acabado porque el patio empezó a llenarse de alumnos de primero. Andrea no estaba ni en la clase ni en la biblioteca ni en los baños (había ido a absolutamente todos los de la escuela), ni tampoco en el patio. La había llamado varias veces y le había mandado un mensaje en el que le pedía que la escuchara, que quería darle explicaciones. Pero nada, vacío total.

Un par de chicas de la otra clase la felicitaron por su actuación. Le pareció que las comadrejas, al pasar junto a ella, la miraban con más cara de odio de lo habitual (pero ¡¿qué les había hecho ella?!). Y sintió, que, de alguna forma, todos sabían quién era ella y conocían su terrible traición.

«Heartbreaker» sonó en su mochila. ¿Sería Andrea? Tenía que ser ella, ¡por favor!

Era Jamie. Habían colgado una hoja con el elenco para *Romeo y Julieta* en la puerta del auditorio. ¿Tan rápido? ¿Y cómo se había enterado él? ¿Y por qué ahora sí usaba el teléfono? ¿Y por qué no podía decirle si le habían dado algún papel o no? ¡Ohhh! Su hermano la sacaba verdaderamente de quicio.

Aunque no tuvo que esperar mucho. Antes de que colgara le había entrado un mensaje. Era de Claudia y decía: «Congratulations». Adjuntaba una foto con los resultados del *casting*. Había resaltado una de las líneas: Alice Green: Julieta.

Cuando llegó a casa, en la cocina la esperaba una reluciente tarta de chocolate con cobertura de chocolate y virutas chocolate (de su pastelería favorita), dos smoothies de frutas y una nota de mamá:

«¡Felicidades, cariño!
Jamie me lo ha contado todo. ¡Menudo secreto!
Os dejo esto para que lo celebréis (¡Hola, Andrea!).
Estoy en yoga.
Te quiero, mamá».

Alice ya no pudo contener más las lágrimas. Se dejó caer por la pared de la cocina y se quedó sentada en el suelo con la cabeza entre los brazos. Se sentía la chica más desgraciada del mundo. ¿Por qué había tenido que hacerlo? Desde después del *casting* no había habido ni rastro de Andrea. Y, encima, todos se alegraban por ella, la saludaban, la felicitaban, le sonreían. Y ella solo tenía ganas de volver atrás y deshacer todo lo hecho para poder abrazar a su amiga; si después de todo aquello Andrea era todavía su amiga.

7
Andrea

Tomó aire y empujó con todas sus fuerzas. Nada, la cómoda no se movió ni un milímetro. Estaba convencida de que había visto rodar un botón hasta el espacio que quedaba entre el mueble y la pared, pero no tenía forma de sacarlo de allí a menos que llegara alguien superforzudo y la ayudara.

Desde muy pequeña aquello la tranquilizaba. No lo de empujar cosas demasiado pesadas, por supuesto, sino lo de ordenar botones. Y eso precisamente es lo que llevaba haciendo Andrea todo el día. Sentada en la mesa que había en la trastienda de la mercería para los talleres de costura que impartía su madre, se había dedicado a catalogar los botones según su forma, tamaño, material y color. En una caja para cremalleras vacía,

ponía los rojos pequeñitos de plástico; en un tarro de cristal de los de conserva (que nadie pregunte cómo había llegado hasta allí), los dorados grandes. Tenía la mesa llena de cajitas, botes, ceniceros y todo tipo de recipientes llenos de botones. Los había sacado de un gran cajón donde en teoría debían estar ordenados. Pero desde que la gente va de tiendas y casi nadie se hace su propia ropa, muy poca gente compra botones en cantidad, y el cajón era un auténtico «caos botonil». El último que quedaba, el huidizo que se había escondido bajo la cómoda, era uno entre transparente y blanco, de plástico, con dos agujeros.

Llevaba un par de días fingiendo que estaba enferma. Y como su madre había amenazado con llevarla al médico, decidió que ya tenía fuerzas para ir a la tienda a pasar el rato, pero no para regresar a la Saint John. En realidad, no hubo ninguna amenaza de su madre, solo cara de preocupación y varias comprobaciones seguidas de su inexistente fiebre. Y es que lo único real de su enfermedad era su falta de energía para volver a clase y, en especial, para enfrentarse a Alice.

El abuelo la sacó de sus pensamientos con una cesta de fruta y una de sus frases hechas:

—Para salir del agujero tenés que dejar de cavar, lo sabés, ¿verdad? —Y ofreciéndole una fresa añadió—: ¿Querés una frutilla?

—Abu, no es tiempo de fresas...

Aunque eso no era excusa. Siempre había sido su fruta favorita y él lo sabía bien. No le dijo mucho más: le apretó un poco el hombro y la despeinó como cuando era una niñita de preescolar.

—¡Animate! Y regresá ya a la escuela y arreglá las cosas con Alicia, lo necesitás.

—Se llama Al...—le respondió ella rapidamente.

—Lo sé, lo sé. Es Alice —la cortó él con su peculiar forma de pronunciar el nombre, en argentino, Alís. Su abuelo siempre la hacía sonreír.

¿Cómo había sabido el abu lo que le sucedía? ¿Se lo había dicho Alice? ¿Tenía poderes secretos de detective? ¿Lo llevaba escrito en la cara? Fuera lo que fuera, en parte tenía razón: no podía faltar más a la Saint John o perdería el ritmo de las clases. Y de Alice... claro que echaba de menos a su amiga, pero lo que le había hecho era demasiado gordo.

Su móvil vibró dentro de un bol lleno de grandes botones negros, para abrigo. Era Alice otra vez. Ella quería hablar con Hugo, que estaba de nuevo totalmente desaparecido, pero solo recibía llamadas y mensajes de Alice. No había querido escuchar ni una nota de voz; e ignoraba la mayoría de sus mensajes, porque estaba demasiado dolida. Aunque este mensaje era distinto:

«Mañana presentamos el diálogo de Comm. Solo confírmame si irás, please. ILOVU».

—Hola, buenos días.

—Hola, ¿qué tal? ¿En qué puedo ayudarle?

—Querría unas manzanas, por favor.

—¿De cuáles? Tenemos rojas, verdes y amarillas.

—Rojas, por favor.

—Son dos euros.

—Tome, gracias.

—Que tenga buen día.

Otra conversación así y Andrea moriría... de aburrimiento. Eva y Laura, en la frutería. Ernesto y John, comentando un partido de fútbol. Vicky y Rudy, dos tercios de las comadrejas, ya no recordaba ni el tema, solo que habían balbuceado varias veces.

Había llegado tarde al colegio adrede, para no encontrarse con Alice ni en el autobús ni el pasillo. Se había sentado, muy seria, a su lado, y se había concentrado en los diálogos de sus compañeros. El de Claudia y Javi había sido divertido: una conversación cómica hecha con frases de canciones famosas. Tenía que pedírselo, seguro que a Hugo le iba a gustar. Y ahora era el turno de Candy y Sasha, un chico bastante majo (y mono) al que ella y Alice habían apodado Smile porque tenía una sonrisa como las de los anuncios de pasta de dientes.

—Si yo profano con mi mano indigna este santuario, mi castigo es este: ¡mis labios peregrinos se disponen a borrar el contacto con un beso!

¡Ooooh! Andrea reconoció las palabras de Sasha enseguida: eran de *Romeo y Julieta*, de la primera vez que los dos se encuentran en un baile, sin saber quiénes son en realidad. Miró de refilón a Alice, que se había tapado los ojos con el pelo; ella también se había dado cuenta de cuál era el diálogo de la comadreja mayor y Sasha. Un diálogo que acababa con beso.

Si Andrea hubiese estado hablando, se habría quedado sin palabras. Candy cogió a Sasha del cuello de la camiseta... para acercarlo... **¡Y besarlo en los labios! ¡Delante de toda la clase!** Aunque él se apartó rápido (y aunque en la obra quien besa es Romeo a Julieta y no al revés), todos los compañeros empezaron a reír y a murmurar. Salvo Vicky, que aplaudió.

—Vamos, chicos, por favor, silencio —pidió el profe a todo el mundo. Y a los «actores» les dijo—: Quedaos cuando acabe la clase, esta no era la tarea para hoy, ya lo sabéis.

—Oh, señor Alonso, solo quería demostrar el error que han cometido al no darme el papel de Julieta. ¿O es que alguien piensa que cualquier aficionada —esto pareció que se lo decía solo a Alice— puede estar a la altura de un Romeo así?

Nadie, ni siquiera el señor Alonso, dijo una palabra mientras Candy y Sasha regresaban a sus sitios. Ella lucía una sonrisa triunfal. Él se había sonrojado. ¿Sasha tenía el papel de Romeo? *¿Y eran novios o tenía algo con Candy?* Andrea sabía que era uno de los típicos chicos populares (deportista, guapo, bastante listo), pero no que se hubiese convertido en un «comadrejo»...

Casi estuvo a punto de girarse para cotillear con Alice, a ver qué sabía ella. Pero entonces recordó su traición.

—Andrea, Alice, os toca —les dijo el profesor. Y añadió para toda la clase—: Y no quiero más sorpresas por hoy, ¿de acuerdo?

—Hola, bonita —empezaba Alice, con tono alegre. Habían decidido representar una conversación telefónica inspirada en el mensaje de Hugo. Estaban la una de espaldas a la otra, lo cual era un alivio para Andrea. No quería demostrar su rabia delante del público.

—Hola —respondió ella seca, cortante.

—Ha pasado poco tiempo, pero cuento los segundos para volver a verte.

—Oh, yo también. —Andrea no pudo evitar que se le notara el enfado en la voz.

—Tienes una sonrisa preciosa en tu nueva foto. —Ahora, Alice ya no estaba tan alegre, empezaba a dudar.

—Me la hiciste tú, ¿recuerdas? —Sonó casi a reproche.

A partir de ahí, la conversación fue de mal en peor: sin verse la cara, Alice intentaba mantener la voz alegre mientras Andrea casi ladraba las respuestas. ¡Estaba tan enfadada! Intentó imaginar que hablaba con Hugo, pero también estaba un poco molesta con él... Iba a ser un desastre. Las iban a suspender. Y, lo peor de todo, las comadrejas notarían que estaban enfadadas y aprovecharían la situación para meter cizaña.

—Un beso.

Ambas se quedaron quietas, en silencio. Andrea cerró los ojos y respiró hondo. Nadie dijo nada, nadie se rio ni se movió.

Clap, clap, clap. El señor Alonso empezó a aplaudir mientras se acercaba a ellas y las cogía por los hombros.

—Ha sido maravilloso, señoritas. Eso es darle la vuelta al lenguaje, jugar con él. ¿Os habéis fijado? Las palabras, de por sí, lo que indican es que las dos personas que hablan se quieren y desean encontrarse, pero cómo pronunciamos las palabras puede hacer que el sentido sea totalmente distinto. Una parecía muy enfadada, pero sin perder los estribos. Y la otra, culpable, triste, resignada. Muy buen trabajo y muy buena actuación, chicas. Podéis estar contentas.

Antes de que pudieran responder, sonó el timbre que marcaba el fin de la hora de clase y Alice aprovechó para coger de un tirón su mochila y salir corriendo del aula.

Andrea no fue tras ella.

No estaba contenta, para nada. Al salir, Javi le sonrió. Y Claudia le preguntó si todo iba bien. Andrea supuso que se le notaba en la cara... y ya le daba igual. Se sentía aliviada, claro, de que el señor Alonso les fuera a poner buena nota, pero por lo demás...

—Qué mal, ¿no? ¿Os felicitan delante de todos y tu amiga se larga sin decir adiós? ¿Problemas en el paraíso friki? ¿O es que se le ha subido la fama a la cabeza?

Andrea se dio la vuelta y allí estaban: las tres comadrejas alineadas, listas para el ataque. Acabó de recoger sus cosas y, sin decirles nada, decidió largarse de allí. Ya no quedaba nadie más en el aula. Y lo último que necesitaba era enfrentarse ella sola a esos tres, pero cuando pasó por delante de Candy, esta aprovechó para hacerle la zancadilla. 😈

—Oh, lo siento —le susurró al desfilar por su lado para salir del aula.

Andrea se levantó del suelo y buscó su móvil mientras se arreglaba la falda. A caer se le había apagado.

¿Algo podía ir peor?

8
Alice

Alice sabía que se había equivocado al no ir de frente con Andrea. Tendría que haberle contado que quería hacer de Julieta en la obra y por qué. Pero lo hecho, hecho está. Andrea se había enfadado muchísimo. Y Alice sabía que cuando las teteras echan vapor es mejor no tocarlas... porque te puedes quemar. Pero la tetera-Andrea se estaba pasando: ¡no había para tanto! ¡Era solo un papel en una obra! Y quizá ni siquiera se lo habrían dado a ella...

En fin, lo cierto era que Alice no sabía qué decirle a su amiga. No sabía cómo conseguir que la escuchara. ¿Andrea ya no la quería? Pues peor para ella. Tiraba la toalla de la amistad. Un silbido la sacó de sus pensamientos. Pero no era la tetera (la de verdad), sino Jamie.

—Al, are you ready? Mamá ya está en el coche —la llamó su hermano desde el piso de abajo.

Alice metió su sudadera verde dentro de la mochila, cogió las fotocopias de la obra y lanzó una última mirada al espejo: iba a ser raro estar en la Saint John sin uniforme. Sonrió.

—Solo una pregunta: ¿vas vestida de verano o de invierno? En serio... Me gustaría saberlo.

Jamie aguantaba la puerta abierta para que Alice viese la prisa que tenían. Ella le sacó la lengua y corrió hacia el coche para poder sentarse delante. Se había puesto sus *shorts* vaqueros, una camiseta blanca con las palabras No fear («sin miedo») estampadas (de un taller de estampación al que fue con Andrea) y sus queridísimas deportivas de color lila. ¡Se sentía tan a gusto vestida de sí misma! El comentario de su hermano venía porque, además, se había encasquetado un gorro negro... ¡Qué iba a saber él de moda!

Mientras su madre hacía avanzar el coche hasta el primer semáforo, el humor de Alice empezó a mejorar: era sábado, hacía muy buen día e iba a asistir a su primer ensayo. ¿Y si ensayaban, ensayaban? Un poco nerviosa se miró en el espejo del copiloto: quería comprobar que el brillo de labios no hubiese desaparecido todavía. No solía maquillarse y la verdad es que no se le daba muy bien. Tal y como sospechaba, ni rastro del brillo. En fin, quizá estas cosas no estuvieran hechas para ella...

Se acordó de un día, la primavera pasada, que ella y Andrea fueron al centro comercial y las «cazó» una chica de las que promocionan maquillajes: ¡las pintó como si fueran muñecas de Monster High! Se pasaron la tarde en el cuarto de Andrea intentando quitarse la sombra de ojos, el colorete y el pintalabios... Y, al final, para disimularlo, decidieron pintarse encima con las ceras de carnaval: ella de tigre y Andrea de mariposa. Ella hizo los diseños y la verdad es que quedaron muy vistosos. Sacaron fotos del antes y el después y, la semana siguiente, Andrea le regaló un cuaderno de dibujo con las fotos pegadas en la primera página: «Para que practiques tu arte», había escrito.

Quedaba tan lejos todo eso...

—¿Estáis seguros de que no queréis quedaros con

la tía Merche? Si aguanta el tiempo, mañana podríais bañaros con los primos... —Su madre llevaba dos días insistiendo para que ella y Jamie se fueran a pasar la noche a casa de su tía.

—Mamá, no jugaremos con fuego ni montaremos una fiesta ilegal, no te preocupes —respondió rápidamente Jamie.

Su hermano le lanzó una mirada a través del retrovisor. Sus padres iban a pasar la noche fuera, en un evento que su empresa había organizado en un hotel con *spa*, y ellos se quedarían solos en casa.

—Nos habéis dejado comida y ya somos mayores, mamá, no te preocupes —se apresuró a añadir ella.

—Está bien. ¿Vendrá alguien a dormir? ¿Se lo has dicho a Andrea?

Alice negó con la cabeza y murmuró un «no le va bien» tan bajito que ni ella misma lo escuchó.

—Quizá se apuntan algunos chicos del equipo a ver una peli. Oli, Marcos, Pierre, ya veremos —dijo Jamie.

¿En serio? ¿Iba a llenar la casa con sus amigotes? Alice quería discutírselo o, mejor, que mamá se lo prohibiera, pero su madre asintió y frenó el coche delante de la puerta de la Saint John. Como despedida, le dio un beso en la frente y le susurró «mucha mierda», que es lo que se dice la gente del teatro para desearse suerte.

Para ellos, para las actrices y actores de verdad, de hecho, desear suerte tal cual da muchísima mala suerte...

Iban a convertir la historia de *Romeo y Julieta* en una comedia, Alice no tenía ninguna duda. Y Shakespeare se levantaría de su tumba para darles un susto de muerte por las noches: ¡buuu! En la primera lectura en grupo, cada vez que alguien pronunciaba la palabra «amor», a la mitad de los chicos se les escapaba la risa tonta. Pete, que hacía de Mercucio (el amigo de Romeo que muere a manos del primo de Julieta), pronunció todas sus frases alargando sílabas: «Queee nos mientaaan, a veceees, los que sueñaaan». Parecía un fantasma o el gracioso de la pandilla (aunque él lo hacía muy en serio). ¡Y Shakespeare no había puesto ni una cosa ni la otra en el reparto! Ah, a Candy, que también estaba allí porque le había tocado el papel de príncipe, le dio por toser cada vez que Alice y Sasha, es decir, Romeo y Julieta, compartían diálogo. ¡Incluso el señor Alonso le ofreció un caramelo de menta!

A pesar de todo, Alice lo pasó muy bien. Era su primera obra de teatro... Si no tenemos en cuenta la obra que hizo en párvulos, la de los doce cerditos y los cuatro lobos, porque todos los niños querían un papel. ¡Ser el cerdito número siete no tiene mucha emoción (y nada de diálogo) cuando debes compartir la casita de madera con otros tres cerditos!

Le gustó ir comentando las escenas en grupo. Además, los profes que hacían de directores, el señor Alonso y miss Fountain, no eran tan serios en los ensayos como en clase. Se rieron cuando Julia se confundió y llamó a Romeo «cacahuete» en lugar de «mozalbete».

Julia hacía de nodriza, la señora que había criado a Julieta, una especie de canguro de por vida; así que compartían muchas escenas. Y era bastante maja. De hecho, Alice habría jurado que la confusión había sido adrede... porque Sasha se puso rojo al instante y Julia le guiñó el ojo a ella.

—¡Es tan aburrido este texto! —le dijo en cuanto se acabó el ensayo—. Estaba convencida de que hoy nos iban a decir que cambiaban a una versión más moderna. Tipo la de la peli de Leonardo DiCaprio y Claire Danes. ¿La has visto?

—Sí, unas cuantas veces —respondió Alice—. Mi amiga Andrea es muy fan de él.

—Era tan mono DiCaprio de joven —continuó Julia—, aunque tu Romeo no está mal, ¿no?

—Bueno... —Alice dudó—. La verdad es que no me lo había planteado. Sí que tiene...

—¡Shhh! —Julia la hizo callar—. Bueno, creo que tendríamos que ponernos en plan madre e hija. Es lo que va a quedar más natural.

Alice no entendía nada... hasta que una mano se posó en su hombro. ¡Una mano de comadreja!

—Oh, cariño, Al, ¿puedo llamarte Al ahora que somos compis de obra? Nada, solo quería decirte que ya he pasado página y ahora paso de Sasha, ¿ok? Lo vas a hacer muy bien. —Y sonriendo tanto que Alice pensó que se le iban a romper los mofletes, añadió—: Aunque supongo que sabrás que esto es solo teatro, ¿verdad? Sasha no quiere nada contigo, ¿entiendes? Bueno, chao, nos vemos el lunes.

Alice y Julia se quedaron en silencio mirando asombradas cómo Candy cogía su mochila y cruzaba el auditorio corriendo y llamando, precisamente, a Sasha.

—And the Oscar goes to... ¡Candy! —canturreó

Julia. Y ambas se pusieron a reír hasta que les saltaron las lágrimas y miss Fountain les preguntó si no tenían casa a la que ir a comer.

A Alice le habría gustado poder hablar con Sasha. Más que nada, para conocerle un poco y que se le pasara la vergüenza. Con los chicos (en especial los guapos), siempre necesitaba un tiempo de «adaptación» hasta que podía ser ella. No es que le gustara ni nada, pero no podía quitarse de la cabeza que sería su primer beso (aunque fuera uno de mentira) y eso la ponía un pelín nerviosa. En fin, tendría que aprovechar en el próximo ensayo...

Cuando metió la llave en la cerradura tuvo un mal presentimiento. Bueno, en realidad se escuchaban los aullidos de Jamie y sus amigotes desde la acera, de modo que no era exactamente un presentimiento; sabía lo que se iba a encontrar: una panda de chicos sin cerebro (cuando están en grupo se les desactiva) jugando a la consola o viendo vídeos de goles en el salón. Y así fue. Jamie tenía una bolsa de patatas XXL, Oli estaba con los pies encima de una caja de pizza y Marcos salpicaba el sofá con Coca-Cola cada vez que daba un grito. Por lo menos se habían duchado después del partido.

—*Hi, sis!* —la llamó su hermano en cuanto puso un pie en el descansillo. ¡Y ella no quería que la vieran!—. Ha llamado mamá, dice que te cuidemos. ¿Quieres ver una peli con nosotros? Oli ha traído una de risa.

—*Dos tontos muy tontos* —respondió él. Era el amigo de toda la vida de Jamie, de modo que con él no le pasaba lo de la vergüenza. Ni con Marcos: una vez que pasó el fin de semana con ellos, tenía piojos y mamá le obligó a llevar un gorro de ducha lleno de vinagre un buen rato.

—Paso —respondió—, con vosotros tres ya tengo bastante.

—¡Uuuuu! —la abuchearon los chicos mientras subía hacia su cuarto.

Pero una vez allí se dio cuenta de que eran su mejor opción. Hizo recuento mental de lo que podía hacer ese sábado por la tarde: (1) ver una peli absurda con su hermano y sus amigos mientras comía cosas que sus padres no aprobarían; (2) quedarse en su cuarto sola para acabar acordándose de que su mejor amiga la odiaba; (3) salir a pasear para acabar acordándose de que su mejor amiga la odiaba o (4) prepararse las clases del lunes (seguramente tendría que entregar algo).

La decisión era clara.

9
Andrea

Andrea pasó el fin de semana con sus abus, viendo programas de reformas del hogar en la tele con el abuelo y aprendiendo a tejerse un cuello de lana para el invierno con la abuela. No salió ni un minuto a la calle. Como ya había acabado la fiebre de la «vuelta al cole», mamá había decidido tomarse el sábado de vacaciones y no abrir la tienda. Y papá, en plan romántico, la convenció para que se fuera con él a París. Le tocaba un día de descanso allí y aprovecharían para pasarlo juntos... ¡en la ciudad del amor! Andrea insinuó que quería ir con ellos, pero le dijeron que «iba a estar más tranquila en casa porque no era una ciudad para niños». ¡Para niños! ¿Es que no se daban cuenta de que ya no era una niña?

Aunque la verdad es que era muy chulo quedarse con los abus. En primer lugar, vivían justo encima de la mercería y debajo del piso de Andrea y sus padres. Con lo cual tenía todas sus cosas a mano, a solo veintidós escalones, pero nadie le exigía ni barrer ni recoger la mesa ni doblar la ropa... Además, le preparaban su comida favorita y no le preguntaban por las tareas del cole. Andrea se daba cuenta de que tenía bastante cara por dejar que la mimaran así, pero ¡era como volver a la infancia! Y eso de vez en cuando era guay...

El domingo por la noche se quedó con el abu viendo un especial de pelis antiguas de James Bond, el superespía inglés, y se les hicieron las tantas. ¡Lo que más le gustaba al abu es que después de las persecuciones, los malos acababan hechos polvo, pero el agente 007 ni se despeinaba siquiera! A ella le encantaban todos esos gadgets: relojes de pulsera que lanzan rayos láser, sombreros que esconden espadas o gafas con rayos X.

Y, claro, por la mañana, se les pegaron las sábanas a todos. Intentó convencer a la abu de que no hacía falta que fuera a la Saint

007

John, que los lunes casi no hacían nada, solo asamblea de curso y algo de gimnasia, pero no coló. Y ella misma la acompañó en coche (que, por cierto, parecía sacado de la peli más antigua de James Bond y sonaba igual que una cafetera) para que llegara justo cuando los de su clase ya estaban en el vestuario. Por suerte, había salido de casa ya con la ropa de deporte puesta y no tenía que cambiarse. 🙈

Los diseñadores de ropa de la Saint John no se habían exprimido mucho los sesos para crear la ropa de deporte: pantalón gris, camiseta blanca y sudadera gris oscuro, justo igual que el uniforme. Solo cambiaba que las zapatillas debían ser blancas en lugar de negras. A Andrea le quedaba todo grande: era de las más chiquitas de su curso y la talla más pequeña era enorme. Lo había intentado disimular con un pantalón gris de deporte de otra marca, pero la camiseta no tenía remedio. Como en la espalda llevaba estampado el nombre de Saint John Academy, no podía ponerse una camiseta «falsa» y parecía un rapero en miniatura.

Cuando miss Anderson (la educación física formaba parte de Health) y sus compañeros llegaron a la pista, ella llevaba un rato esperando. Javi, que por talla parecía su hermano gemelo, se le acercó el primero.

—Menuda asamblea te has perdido hoy —le susurró—. ¿Todo bien?

—Sí, me he dormido —respondió. Y con curiosidad preguntó—: ¿Qué ha pasado?

—Mejor te cuenta Alice.

—No creo... —Javi la miró con curiosidad.

Andrea pensó que quizá debía decirle que se habían peleado. Total, antes o después se iba a enterar igual.

—Candy ha pedido la palabra para decirnos que ella y Sasha están saliendo de forma oficial.

—¿En serio?

—Pero eso no es todo... Ha dicho que... —e imitando los gestos de la gran comadreja— ... «hay gente que no acepta nuestro amor, pero lo nuestro es de verdad, así que retírate, Alice».

—¡¡Ostras!! ¿Y qué ha dicho?

—¿Alice? Nada, se ha reído y la ha llamado ridícula.

—¿Y Sasha? —Ahora la mirada de Javi ya era de no entender nada. Decididamente, debía contárselo, se acabaría enterando...

—Poco, la verdad. Candy y él se han largado justo

cuando el señor Alonso ha dado por concluida la asamblea. ¡Todo un espectáculo!

Andrea se fijó, mientras miss Anderson les pedía que hicieran un calentamiento suave (jugarían a voleibol), en que la feliz pareja no había llegado todavía. Seguro que hacía novillos... ¡En primero! Pero Alice sí, ahí estaba, haciendo estiramientos. No se había molestado ni en saludarla...

El miércoles Andrea decidió pasar la hora de la comida en la biblioteca de la Saint John. Había empezado a refrescar para comer en el jardín y en la cafetería-comedor se sentía demasiado sola.

De hecho, el lunes Alice ya la había sustituido. La vio comiendo con unas chicas de la otra clase, bromeando e incluso cuchicheando con una chica con el pelo castaño muy rizado. En realidad, desde su no-pelea no habían vuelto a comer juntas. Andrea había comido un día con Javi y otro sola. Y cuando vio a Alice se le hizo un nudo en el estómago. Que comiera con gente de otra clase, bien, pero ¿con una nueva amiga? Andrea sabía que lo que sentía eran celos, así que prefería no verlo. Ojos que no ven, corazón que no siente.

En la biblioteca (que parecía un invernadero en comparación con la biblioteca municipal, que ella adoraba), a esa hora siempre solía haber grupos de dos o tres acabando algún proyecto. Lo raro era ver a alguien solo. Ese día estaban ella y, en la mesa de enfrente, una chica de segundo o tercero. No había nada que hiciera pensar que fuera rara: leía un libro de geografía y tomaba alguna nota, el boli era normal (nada de pompones ni purpurina) y no hacía ni ruiditos ni nada parecido. Andrea pensó que quizá las de su grupo estaban en alguna extraescolar de mediodía o que su mejor amiga, ese día, había ido al médico. Aunque quizá lo que le había sucedido es que la habían sustituido en su grupo habitual y ya no había lugar para ella...

Andrea se dio cuenta de que se le estaba yendo un poco la pinza cuando un chico se sentó al lado de la chica y le dio un beso, muy rápido. ¡Oh! ¿Serían novios secretos que se escondían en la biblioteca? En ese momento, cuando ya estaba imaginando por todo lo que habían tenido que pasar para poder encontrarse, se dio cuenta de que la chica la había visto; es decir, la había visto mirando. *Tierra, trágame.* A toda prisa, Andrea cogió el libro que había traído, un viejo ejemplar de historias de espías a lo 007 que el abu le había prestado esa misma mañana y lo abrió por la primera página que salió para esconderse.

Por suerte, se fueron de la biblioteca sin decirle nada, aunque pasó toda la hora tan avergonzada que no se enteró ni de una palabra de lo que había leído. (¡Además de que había empezado por la mitad!).

Nada más cruzar la puerta de la biblioteca para dirigirse a su aula, buscó su móvil para ver si Hugo le había dicho algo. Llevaban días sin vídeos ni llamadas ni mensajes... Pero antes de poder siquiera sacarlo, chocó con alguien.

—Oh, *sorry*. —Conocía esa voz. Levantó la cabeza de golpe—. ¡Eres tú! Perdona, Andrea, no te había visto.

—No pasa nada, estaba despistada. —Era Jamie y, después del choque, se habían quedado a muy pocos centímetros el uno del otro. Olía dulce, a manzanas y ¿a colonia? Andrea no podía mirarlo a la cara, sabía que se había puesto muy colorada, así que se apartó para dejarle paso y poder ir a clase.

—Espera, Andrea. —Jamie la agarró suavemente de la muñeca y ella ya no pudo moverse. *¡La estaba tocando!* —. ¿Tienes un segundo? Quería hablar contigo...

IBLIOTECA
¡¡ !!

—Eh... Pues es que tengo clase con miss Fountain... y ya sabes cómo se pone si llegamos tarde.

—Ah, claro. Bueno, no te entretengo. —Le dejó el brazo libre—. Pero quiero hablar contigo, ¿ok? Es importante.

Andrea caminó como una zombi hasta el aula. Por una milésima de segundo se le pasó por la cabeza que quizá Jamie no quería hablar de su hermana, sino del amor que sentía en secreto por ella. Solo con pensarlo volvió a ponerse roja y se tocó la muñeca. Pero ¡si era Jamie! Para él, ella era casi como otra hermana pequeña...

Su móvil la devolvió a la realidad a todo volumen justo cuando iba a abrir la puerta de la clase. ¿No lo había silenciado? Pues suerte que no había sonado dentro porque, al final, había llegado tarde. Era Hugo. ¡Una llamada! Aunque con los nervios los dedos se le volvieron de mantequilla y en lugar de deslizar el verde, deslizó el rojo y colgó.

—Adelante, señorita Andrea Gracia, pasa tú primero. Tienes suerte de que la clase todavía no haya empezado.

La voz de miss Fountain la dejó helada. Y Hugo, Jamie e incluso Alice desaparecieron de su mente. Mientras abría la puerta, solo pudo preguntarse cómo conseguía James Bond reaccionar con tanta naturalidad cuando lo sorprendían por la espalda.

10
Alice

Lo esencial de la trama de *Romeo y Julieta* es: las familias de él (Montesco) y de ella (Capuleto) son enemigas, pero el príncipe de Verona, su ciudad natal, los amenaza con matarlos si se pelean.

Romeo y Julieta se enamoran en un baile sin saber que pertenecen a familias enfrentadas. Poco después se declaran amor eterno y se casan en secreto. El primo de Julieta, Teobaldo, reta a Romeo a un duelo (solo por haberse colado en el baile, no tiene ni idea de que se han casado), pero quien lucha al final en su lugar es Mercucio, el amigo de Romeo, que muere en el duelo. Romeo lo venga y mata a Teobaldo. El príncipe de Verona expulsa a Romeo de la ciudad y Julieta se pone tan triste que su padre decide casarla con un tal conde

Paris de inmediato. Para librarse de la boda, Julieta se toma una pócima para que parezca que ha muerto. Despertará a las cuarenta y dos horas. El fraile que se la da (el mismo que la casó con Romeo) tiene que contárselo todo a Romeo y avisarle para que vuelva y puedan escaparse juntos. Pero Romeo no llega a enterarse de lo de la pócima. Y cuando va al cementerio se encuentra a Julieta «muerta» y a Paris junto a ella. Los dos se pelean y Paris muere. Romeo toma un veneno y muere. Julieta despierta, ve a su amado muerto, se clava el puñal de él y muere también.

Alice no tenía muy claro que la obra fuera muy adecuada para chicos y chicas de su edad. Hay muchos muertos (cinco, en total), con suicidios incluidos. La gente se casa en secreto (¡y son menores de edad!). Y, además, hace llorar un montón (por lo del amor imposible). Alice estaba casi segura de que a Shakespeare, en el siglo XXI, no lo habrían considerado apto...

Miss Fountain les estaba echando la bronca, otra vez, por reírse.

—¿Cómo quiere que no nos riamos si mi personaje te llama «pichona mía» cuando te encuentra muerta? —le susurró Julia por lo bajo.

—No estoy muerta todavía —le respondió Alice, dándole un codazo.

—¡*Shhh!* —las reprendió alguien justo a su espalda—. Si no se calla, al final moriremos todos de aburrimiento... 🙊

Alice se dio la vuelta disimuladamente. Era Sasha y estaba bromeando... ¡con ellas! Julia le devolvió el codazo a Alice. Sasha sonrió.

—Veo que a los trágicos amantes todavía les hace gracia, ¿no es así, Alice Green y Sasha Cormack? —Alice se puso tiesa al escuchar su nombre—. ¿Os importa salir aquí delante y contarnos qué es lo que os hace tanta gracia? 😠

Alice y Sasha, lentamente, fueron hacia donde les había pedido la profesora.

—¿Qué opináis de vuestra historia, Romeo y Julieta? Y no quiero que hablen Alice o Sasha, quiero a los personajes.

Alice miró a Sasha, que le devolvía la mirada con cara de susto. Decidió tomar ella la iniciativa.

—Pues es una buena...

—Jugada —la interrumpió Sasha. De hecho, la salvó, porque ella iba a decir una palabra poco digna de Julieta—. Es una jugada que mueran... que nos muramos —se corrigió— solo porque nuestras familias se odian.

—Es una tragedia, ¿no? —Alice se acordó de la primera clase con la profesora hippie—. Es decir, nosotros

no podemos dejar de amarnos y ellos no pueden dejar de odiarse y, claro, al final sucede lo peor que podía suceder. Si él se hubiese enterado de mi plan, como estaba previsto, habríamos tenido un *happy ending*.

En ese momento, Sasha la cogió de la mano. Delante de todo el grupo y de los profes. A Alice le silbaron los oídos, y mientras miss Fountain daba por buenas sus respuestas, vio cómo Candy tenía fuego en los ojos... y la miraba a ella. Por un momento, Alice la imaginó ardiendo como Antorcha Humana en *Los 4 Fantásticos* y se le escapó una risita. Sasha le apretó la mano y la soltó. 😄

—*Podemos ser amigos*, ¿sabes? Tú a mí me caes bien. —Mientras recogían sus cosas Sasha se puso al lado de Alice.

—*Yeah*, pero no me conoces mucho. No sabes si soy una loca o si en mi casa juego con muñecas o si solo digo tonterías o si colecciono cosas raras como plumas de pájaros. —Dijo lo primero que se le pasó por la cabeza mientras deseaba que se la tragara la tierra: *acababa de quedar como una cría delante de su futuro primer beso*. ¡Y con las manos, sin darse cuenta, había estrujado la corona de flores que se ponía Julieta en la boda! (Ya habían empezado a ensayar con parte del vestuario).

—Eres buena, ¿ves? Tienes sentido del humor; eso me gusta.—Sasha parecía relajado. Había acabado de meter su chaqueta de Romeo (azul y brillante, terrible) en una bolsa y se había sentado en una silla. Cogió la corona y empezó a enderezarla. Sonreía.

—Sasha —Alice lo miró a los ojos. ¡Eran tan azules! Realmente, parecía un príncipe encantador—, estaba bromeando. Me encantaría ser tu amiga —le mostró su mejor sonrisa, la de las fotos—, pero entre las clases, los ensayos y mis mil tareas, voy a tope. Y tú, encima, tienes el equipo de fútbol y a Candy, ¿no?

Alice estaba orgullosísima de sí misma. ¡Había hablado con él sin decir tonterías ni parecer una fan histérica! Y había sacado el tema de Candy sin sonar como una cotilla.

—¡Estoy aquííí! —canturreó, acercándose, la comadreja. ¿Era como esas brujas que aparecen cuando dices su nombre?—. Hola, amor, ¿te vienes? Vicky nos ha invitado a todos a su casa. ¿Te he contado que tiene piscina cubierta?

Para sorpresa de Alice, que se esperaba algún comentario traicionero, Candy la ignoró como si en realidad Sasha hubiese estado solo.

—¡Genial! —respondió él. E incluyendo, finalmente, a Alice en la conversación preguntó—: ¿Vienes, Alice?

—Oh, qué dulce eres, Sasha. Alice tiene cosas que hacer, ya sabes, «sus» cosas.

Y sin darle a Alice tiempo para responder, Candy arrastró a Sasha hacia la salida del auditorio. Él se dio la vuelta y sonrió como disculpándose (o quizá feliz de ir a bañarse con su novia y sus amigos). Tendría que conocerlo mejor para entender cómo un chico tan majo encajaba con una pandilla tan... «comadrejil».

Alice llevaba las manos pringadas. Su padre acababa de volver de Londres y había regresado con un delicioso *apple pie* de su *granny*. Antes de que Jamie arrasara con la tarta, Alice había decidido llevarse una buena porción para desayunar... pero el papel de aluminio no había resistido y ahora su mochila olía de maravilla. Aunque la carpeta, el estuche y el jersey de la Saint John olían a manzanas y mantequilla.

En cuanto se dio cuenta (entre una clase con mister Cameron y otra con la señorita Díaz), se fue volando al baño para intentar arreglar el estropicio. ¡Aunque no estaba claro que todo el papel de váter de la Saint John fuera suficiente! Su *granny* usaba una receta secreta extrapringosa (¡y extrasabrosa!).

Al abrir la puerta, un par de chicas de segundo que salían la miraron un poco raro: ¿tanto se notaba que su «emergencia» no era normal? Pero una vez dentro, sola, estuvo tentada de recoger las migas para no desperdiciarlas. ¡Era una pena!

Entonces se dio cuenta. Puso la mochila encima del mármol, sacó una por una sus pertenencias (con cuidado de que no se mojaran) y vio su nombre escrito en el espejo. ¡Su nombre! Alice Green Salgado. Alice Green. Alice. En distintos tamaños, pero ocupando todo el espejo, ¡que era enorme!

Olvidó rápidamente su mochila y el pringue que contenía: ¡tenía que limpiar aquel espejo como fuera!

Y averiguar quién había usado su nombre para «decorar» el baño de la planta baja (el más cercano a la cafetería). Aunque ella ya tenía una idea...

Era superinjusto que la acusaran a ella. Mientras esperaba para hablar con miss Basil, cotilleó un poco la mesa del secretario (¡tenía bote para bolis en forma de perro de porcelana!) y buscó los argumentos para su defensa:

a) ¿Para qué querría ella escribir su nombre en un espejo?
b) No era su letra. ¡Ella hacía años que ya no dibujaba un círculo como punto de la «i»!
c) ¿Y el rotulador? Cualquiera que la conociera sabía que jamás usaría un rotulador color rosa chicle.

Julia la había encontrado intentando limpiar el espejo con agua, jabón de manos y papel de váter. (Por cierto, con rotuladores permanentes no funciona...). ¡La chica había pensado que era una broma por su cumpleaños, que ya estaba cerca! Y es que TODOS los baños llevaban «su firma»... Los del auditorio, los vestuarios, los de bachillerato. Menos los de los profes, todos.

Juntas, Alice y Julia fueron a buscar a Óscar, el conserje, para que les prestara algún producto un poco más fuerte. Pero él, muy enfadado, había mandado a Alice directamente al despacho de dirección sin quererla escuchar. ¡Pensó que había sido ella la autora de aquella gamberrada!

De no ser por esa caligrafía tan refifi y por el color, todavía más refifi, los baños de la Saint John habrían parecido una peli de terror en la que el fantasma escribe el nombre de la chica en los espejos, enciende y apaga las luces y hace ruidos espeluznantes por la megafonía. Pero Alice sabía que no había ningún fantasma.

11
Andrea

Andrea vio a Alice de refilón cuando salía de la Saint John. Tenía la cara roja y los ojos hinchados: seguro que había estado llorando. Y es que no había para menos... Candy, esta vez, se había pasado tres pueblos. Una cosa es hacer zancadillas, soplar insultos en clase o dejar notitas en la taquilla. Y otra muy distinta, planificar una cosa como esta.

Se sentía fatal. Casi arrancó a correr detrás de su amiga para abrazarla, pero se quedó quieta, sus piernas no se movieron.

Como los profes de primero se reunieron de urgencia, esa mañana no hubo asamblea de clase, ni nada de nada. Mandaron a un par de chicos de bachillerato a vigilar su aula mientras leían o hacían tareas (en teoría).

—¿Tú sabes quién ha sido? —le preguntó en un susurro Claudia.

Javi se sentó disimuladamente a su lado, como si tomara notas.

—¿Acaso tienes dudas? —respondió ella, señalando sin disimulo los espacios donde solían sentarse Candy, Vicky y Rudy.

—¡Las comadrejas! —exclamó Javi. Aunque enseguida añadió—: El móvil de Alice está apagado, ¿a ti te ha dicho algo? ¿Qué os ha pasado a vosotras dos? Lleváis días sin deciros ni mu... ¿Tiene algo que ver con todo esto?

Andrea los miró a los dos, que también la miraban esperando una respuesta. Parecían preocupados por ellas de verdad. Y de repente decidió contárselo todo. Mientras se lo explicaba se dio cuenta de que había sido injusta con Alice. Es decir, lo que había hecho Alice no estaba bien, pero ¿romper su mejor amistad por un papel en una obra de teatro? Por muy *Romeo y Julieta* que fuera, no era más que una tontería.

—Tía, tenéis que arreglarlo ya —decidió Claudia.

—Sí —continuó Javi—. Ahora necesita que la apoyes.

Claudia y Javi parecían esos muñequitos en forma de ángel y demonio que aparecen en los dibujos animados para que el protagonista se dé cuenta de lo que piensa en realidad (aunque ellos hacían los dos de angelitos). Sonrió. Era verdad, tenía que recuperar a su amiga y demostrarle que la apoyaba.

Así que pensó a lo James Bond, barajó sus opciones y jugó su mejor carta.

—Hola, Andrea, pasa. Alice está en su cuarto durmiendo. ¿Vienes un segundo conmigo?

Sin esperar su respuesta, Jamie se dirigió a su habitación. Ella le siguió en silencio. Había estado allí antes, pero jamás a solas con él. En esta ocasión no se fijó ni en el montón de ropa de fútbol que había en un rincón (y que él metió en el baúl en cuanto entraron) ni en si había colgado pósteres nuevos ni en si olía a manzanas o a desodorante para chicos. Sencillamente, se sentó en la silla de escritorio, inquieta.

—¿Cómo está? —preguntó Andrea.

—Bien —respondió él, sentándose en su cama—. Triste, muy cabreada, avergonzada... ¿Cómo te sentirías tú?

Andrea no respondió. Y bajó la mirada. Ella se sentía culpable por no haber estado a su lado.

—*Look*, Andrea, no sé exactamente qué os ha pasado, pero tenéis que arreglarlo, *¿ok?* —Ella asintió y lo miró a los ojos, que eran del mismo verde que los de su amiga. Estaba realmente preocupado—. Yo sé que ella no ha tenido nada que ver con esto, pero dudo que miss Basil descubra nada... Van a hacer alguna asamblea para decirnos que no hagamos gamberradas y ya está. Pero todo el mundo la va a mirar a ella... y no es justo.

Mientras Jamie hablaba, Andrea iba tirando de un hililllo que salía del dobladillo de su falda. No sabía qué hacer con las manos. Y tenía unas ganas terribles de llorar.

—Es que no sé si querrá verme... —dijo muy bajito, avergonzada—. Me he portado muy mal con ella... —Sintió cómo se le escapaba una lagrimilla y se le cerraba la garganta. No podía decir nada más.

—*Andy, come on*. —Jamie se levantó y le puso la mano en el hombro—. *Eres su amiga, su best friend forever*, claro que va a querer verte.

En ese momento, se escuchó un ruido sordo en el cuarto de al lado. Es decir, el de Alice, y Jamie salió corriendo a ver qué había pasado.

Segundos después, la risa de Jamie y los gritos de Alice llegaron hasta Andrea a través de la pared. Y, sin pensarlo, salió al pasillo.

—¡Ja, ja, ja! ¿En serio te has caído de la cama? ¿Qué tienes, cuatro años? ¡Ja, ja, ja! —Jamie estaba doblado de tanto reírse enfrente de la puerta del cuarto de su hermana. 😂 😂

—¡Me he hecho daño! ¿Vale? ¡Y para ya de reírte de mí! —Un cojín de color morado salió volando por la puerta, pero falló el tiro.

—¡Ji, ji, ji! Vamos, *sister*, tienes que admitir que ha sido gracioso.—Jamie se tiró al suelo moviendo piernas y brazos como si fuera una cucaracha boca arriba—. *Help, help!* ¡Soy Alice y me he caído! ¡Ja, ja, ja! 😂

Otro cojín, este en forma de pingüino, salió volando hacia Jamie. Y después el oso gigante.

Y, enseguida, la propia Alice se tiró sobre su hermano, aunque su ataque quedó en nada cuando empezó a escapársele la risa. Andrea no sabía si esconderse en el cuarto de Jamie o decir algo para que Alice se diera cuenta de que estaba allí.

Pero entonces la vio. Su amiga la vio y el tiempo se detuvo mientras chillaba su nombre. Y se abrazaron, las dos llorando, durante mucho rato en medio del pasillo. ¡La había echado tanto de menos! Andrea la apretó más fuerte y Alice siguió llorando.

—¿Os importa, *girls*? —Jamie las apartó sin delicadeza alguna—. Alguien tendrá que ir a por la fregona si no paráis ya...

Volvía a ser el Jamie-hermano-mayor-borde, aunque Andrea vio cómo sonreía antes de meterse en su cuarto.

—¿No se habrá enamorado de ti? ¡Para mí sería perfecto! Aunque un poco asqueroso, tienes que reconocerlo...

Unas cuantas berlinas de chocolate y medio bote de zumo después (era su kit de emergencias extremas), Andrea estaba escondiendo la cara en el cojín

de pingüino, que había sobrevivido a la pelea de los hermanos. Como si no hubiese pasado nada en las últimas semanas.

—¿En serio te ha pedido mi hermano que vinieras?

Alice quiso todos los detalles: cómo se había enterado Andrea de la nueva decoración de los baños de la Saint John, cuándo había decidido ir a verla, qué habían hablado con Jamie en su cuarto. Aunque ella se reservó algún que otro detalle que le daba vergüenza... Así que intentó cambiar el tema.

—Entonces, ¿qué te ha dicho miss Basil? ¿Cuándo tienes que regresar?

—Oh, pues en realidad puedo tomarme el tiempo que quiera. En realidad, no sabía si castigarme o tratarme como a una víctima —le contó Alice—. Pero mañana a las ocho menos cinco nos vemos en la parada.

—¿Estás segura? No tienes por qué hacerlo... —A Andrea le preocupaba que su amiga volviera a la Saint John demasiado pronto y que las comadrejas y los compañeros más brutos la tomaran con ella.

—Claro que tengo que hacerlo. De hecho, tengo un plan...

A Andrea siempre le daba un poco de miedo cuando Alice se ponía en plan mala de película que busca venganza, pero esta vez no le dijo nada. De hecho, iba a ayudarla: habían ido demasiado lejos.

Sin embargo, Alice no quiso contarle nada. «Todo a su tiempo», le dijo misteriosamente. Andrea se rio: se le había quedado un poco de chocolate alrededor de la boca y parecía un bandido.

—Anda, vamos, cuéntame cómo es lo de hacer de Julieta —le soltó mientras le pasaba una servilleta de papel.

—It's fun. Hay una chica, Julia, con la que me río mucho, y los ensayos están bien. Aunque es bastante trabajo, no te engañaré... —Alice se quedó un segundo en silencio. Andrea se dio cuenta de que volvía a ponerse un poco seria—. Listen, lo de la prueba, tendría que habértelo dicho.

—Yes —respondió ella—, pero ya ha pasado. Olvídalo.

—No, no, te debo una explicación.

Y así fue cómo Alice, la decidida y sin complejos Alice, le contó por qué había querido ser Julieta: ¡porque quería conseguir su primer beso! Andrea no podía creérselo. ¡Si se lo hubiese dicho, incluso la habría ayudado! Y, juntas, se las habrían arreglado para que ella consiguiese también un papel en la obra en lugar de tener que elegir entre un montón de tareas mucho menos glamurosas.

—Podrías meterte en vestuario, a ti se te da de fábula la ropa y coser y los complementos anticuados. —Andrea le sacó la lengua. A ella le gustaban los encajes y la moda un poco *vintage*, pero eso no quería decir que fuera anticuada.

—Un poco tarde. Estoy en escenografía. Me va a tocar pintar balcones, puertas y árboles de cartón... —respondió. Lo cierto es que no le emocionaba, pero se apuntó de las últimas después de faltar a clase y ya no pudo elegir.

—Oh, my friend. Estás hablando con la chica que ha sido víctima del fantasma pinta-espejos de la Saint John. Y a mí me vendrá muy bien tener a mi mejor amiga del mundo cerca, en vestuario. Además, necesito que a cierto príncipe se le caiga la corona de lo alucinado que se va a quedar cuando me vea...

Esa noche, Andrea se quedó a dormir en casa de Alice. Le sorprendía un poco que su amiga estuviese tan calmada después de todo lo sucedido, así que ella se quedaba más tranquila estando a su lado. Antes de acostarse estuvieron cotilleando un poco por Internet y «casualmente» se metieron en el perfil de Sasha.

—No puedo creerme que hagas de actriz solo para el proyecto beso —le dijo, mirando su foto.

—Tiene unos ojos preciosos —le respondió su amiga.

—*Y una novia maléfica...*

12
Alice

Era un alivio poder volver a coger el autobús para ir a la Saint John con Andrea. ¡Con ella la vida era mucho más divertida! Sin ir más lejos, camino de la parada habían encontrado cuatro SAPOS (o Seres Alucinantes para Obtener Sonrisas):

1. un perro pequeñito con un chubasquero amarillo... a juego con el de su dueña;
2. un Spiderman llorando porque una Elsa de *Frozen* no quería compartir las galletas (¡monísimos!);
3. una señora muy mayor

con el pelo blanco a mechas lilas cantando, felizmente, «I'm singing in the rain»;

4. tres chicos de su edad guapísimos y sin uniforme.

Aunque, a decir verdad, ¡estos últimos les produjeron risitas nerviosas! Primero, decidieron comenzar a andar más rápido para alejarse de ellos. ¿Irían en la misma dirección? Pero, después, se metieron en un portal a esperar que pasaran y decirles «¡Hasta luego!». Solo uno se dio la vuelta, con cara de sorpresa y se puso muy rojo al ver a Alice y a Andrea medio agazapadas (con sus mochilas y sus paraguas) en un portal minúsculo.

¡Se rieron muchísimo! Y después tuvieron que correr para llegar a tiempo al autobús... Aunque fue culpa del tráfico que entraran en la Saint John más de media hora tarde. Ellas y el resto de los compañeros que iban en el mismo autobús, claro.

—Cuando llueve siempre hay tráfico, es una verdad indiscutible —comentó José, el conductor, mientras bajaban.

Pero a Andrea y a ella no les preocupaba mucho. Habían pasado todo el rato, felices, recordando sus *sapos*. De hecho, fue entonces cuando decidieron llamarlos así.

Además, fue una ventaja ser de las últimas, porque se ahorraron la mayor parte de la charla de miss Basil ante toda la escuela sobre lo importante que es respetar a los compañeros y mantener el mobiliario escolar en buenas condiciones. Alice sabía que iba a haber una reunión de ese tipo, con todos los profesores encima del escenario, muy serios, y todos los alumnos sentados y de pie abajo, con cara de aburrimiento.

—... y por ello espero y deseo que el causante o causantes de este penoso incidente sepan asumir su responsabilidad. —Miss Basil, entonces, vio a Alice con su pelo empapado y su camisa arrugada por la humedad, y se apresuró a despedir el acto. Quizá al final había entendido que ella no había podido ser...

En su horario del mes ponía que esa asamblea de clase (o tutoría, para abreviar) debía servir para organizar un poco la decoración que les había tocado a ellos para Halloween: ¿los baños? Parecía una broma... Aunque, a decir verdad, Alice no se acordaba. Pero, en lugar de ello, el señor Alonso decidió hacer «un ejercicio de empatía para afianzar el grupo y reforzar nuestro apoyo a Alice». Y, para ello, los llevó al jardín.

—Empatía es ser capaces de ponernos en el lugar de otro —contó el profesor.

Y enseguida pidió un voluntario. Evidentemente, nadie se movió, ni siquiera Alice. Pero al ver que todos los alumnos parecían más interesados en los charcos y en el triste césped de otoño, el señor Alonso decidió pasar de los voluntarios y le pidió directamente a Alice que se quitara la chaqueta. ¡¿Qué había hecho ella?!

No hacía taaaanto frío, en serio. Por suerte había parado de llover. Aunque todo estaba empapado y no era muy agradable andar sin su chaqueta estilo jugador de béisbol americano. Ella habría querido una cazadora negra imitación de piel, y su madre, un plumón color azul-aburrido-marino. El intermedio había sido la chaqueta verde y blanca de béisbol un poco grande. Aunque no pegaba para nada con el uniforme de la Saint John, cuando la llevaba, Alice se sentía ella misma.

Se quedó de pie, abrazándose a sí misma, mientras los compañeros la miraban como si fuera una cobaya, y el profe, un científico loco.

—¿Nadie le va a prestar la chaqueta? Es evidente que tiene frío —dijo entonces el señor Alonso.

—¿Por qué no le prestas la tuya? ¡Yo paso de resfriarme! —respondió algún chico sin dar la cara.

Aunque Andrea ya se había adelantado y le había puesto encima de los hombros su abrigo marrón. Era calentito, con el interior de borreguito, y muy cómodo, aunque a Andrea le venía un poco justo... El señor Alonso enseguida le tendió a su amiga la chaqueta de béisbol. ¡La idea era que las intercambiaran! Lo habría podido decir antes y todos lo habrían entendido...

—Ahora, tú eres Alice —le dijo a Andrea. Y, a ella—: Y tú eres Andrea. Contadnos cómo os hizo sentir «el incidente».

«El incidente» (al profe solo le faltó dibujar con los dedos comillas en el aire) era, sin duda, la pintarrajeada comadrejil de los baños.

—Hola, Andy —la saludó Andrea—. Creo que me da rabia que nadie haya tenido las agallas de confesar.

—Oh —respondió ella—, yo no tenía ninguna duda de que sería así, Al. Ya sabes, si alguien escribe tu nombre en un espejo es porque le da miedo decirte las cosas a la cara. —Alice respiró hondo y continuó—: A mí me dio pena no haber estado a tu lado en ese momento.

Andrea sonrió. Y ella también. Se abrazaron y el señor Alonso les hizo devolverse las chaquetas. Aunque a Alice la dejó de nuevo solo con la camiseta y el jersey.

El siguiente en ofrecerse fue Javi. Y luego Claudia. A Alice le emocionó saber que sus amigos entendían su enfado y su tristeza. Ernesto (el profe empezó a señalarlos con el dedo cuando dejaron de aparecer voluntarios) protagonizó el momento «grábame y cuélgame en Youtube» al intentar imitar la forma de andar de Alice: se resbaló y se cayó de culo en medio de un enorme charco de barro. Por suerte, ¡todavía llevaba su propia chaqueta! Y Carlos, un chico alto y delgado, bastante tímido, la clavó al decir (como si fuera Alice) que le agobiaba un poco ser el centro de atención. «A mí me pasaría», le confesó en voz más baja.

Enseguida saltó Rudy, en plan gallito:

—¡Eso, eso! ¿Por qué ahora todo es Alice? Halloween está muy cerca y tenemos muchas cosas que preparar. ¿Podemos dejarlo?

El profe lo miró muy serio unos segundos y, rompiendo el silencio, se la devolvió:

—Estupendo, Rudy, un nuevo voluntario.

Aunque protestó, el comadrejo se puso la cazadora

de Alice (con el pelo champiñón parecía un Nobita de doce años) y ella tuvo que coger la de él: una chaqueta verde acolchada a rombos y el cuello de pana. A Alice solo le faltaban las botas y el casco para montarse en un caballo y huir al galope...

—Me encanta ser el centro de atención y que todos sientan pena por mí. Son mis cinco minutos de gloria. Ala, ya lo he dicho —soltó Rudy.

—Me levanté muy pronto para ayudar a mis amigas a pintar espejos y por eso tengo esta cara de fastidio, como ellas. —Alice no pudo evitarlo.

Por un segundo, hasta los pájaros dejaron de trinar. ¡Ya se había hartado de hacer ver que no sabía que Rudy, Candy y Vicky eran los responsables de todo!

—¡Oye! No tienes ninguna prueba para acusar a Rudy —saltó, precisamente, Vicky. No solía hablar mucho, pero Alice supuso que Candy quería esconderse.

—Vamos, chicos, el objetivo de esto es que nos entendamos, no discutir —intentó calmarlos el señor Alonso.

—¡Como si hiciese falta alguna prueba! —saltó Claudia, poniéndose al lado de Alice.

—¡Todo el mundo sabe que habéis sido vosotros! —continuó Andrea, acercándose también.

Poco a poco, grito a grito, se fueron formando tres grupos: los partidarios de Alice, los zombis de las comadrejas y los cotillas. Que si Alice se lo había buscado, que si lo que tenéis es envidia... hasta que el señor Alonso pegó un grito que los dejó a todos sordos.

—¡Baaaasta! Para adentro. Vosotros —dijo señalando a los dos grupos enfrentados—, conmigo. El resto haced lo que queráis hasta la próxima clase.

Empezó a andar sin mirar atrás, parecía realmente enfadado. Y a Alice le hervía la sangre: les darían la charla al lado de las comadrejas, como si fueran lo mismo. Así que, en un arrebato de rabia, se apartó del grupo, se quitó la chaqueta de Rudy (sí, todavía la llevaba puesta) y la tiró al suelo, encima del barro. Y la pisó. Y la pisó. Y la volvió a pisar. Hasta que Andrea la detuvo y la abrazó.

Hasta ese momento Alice no había sacado toda la rabia que llevaba dentro. Había fingido que lo sucedido no la había afectado, pero, por supuesto, estaba enfadada y dolida. ¡Y muchísimo! Por suerte, su amiga la entendía y solo le dijo:

—Esto se queda aquí. Vamos dentro, nos esperan.

Evidentemente, **les cayó un buen chaparrón** (¡y no de los que mojan!). De hecho, el señor Alonso les dijo que, si no lo arreglaban, con o sin ayuda, iba a pedir al Consejo

Escolar que los mandaran a todos a casa unos días a reflexionar...

Alice no quería que la expulsaran (¡y menos por las comadrejas!), así que decidió hacer su último movimiento:

—María Candelaria —explotó—, o confiesas, o todos sabrán quién eres.

Y salió dando un portazo.

13 Andrea

Andrea estaba incomunicada. Sus padres se lo habían quitado todo: ni Alice ni Hugo ni gatitos en patinete... *La harían vivir en un mundo sin tecnología toda una semana*: ¡siete días enteros! Y eso que todavía les duraba el buen humor de su «escapada» a París (si no, la habrían castigado un trimestre entero).

Sus padres no eran mucho de castigar sin tele, sin postre o sin móvil. Eran más de estar ofendidos y hablar solo con monosílabos: «sí», «no» y «ya». En fin, tendría que vivir como en el siglo pasado y esperar al colegio para comentar la jugada con Alice.

Y Hugo... Hugo se había enfadado porque le había colgado el teléfono. ¡Como si fuera tan normal llamar en horas de clase! La verdad es que empezaba a parecer un novio fantasma de los que solo aparecen cuando hay luna llena y repites tres veces su nombre. Así que seguro que no se daba ni cuenta de que no tenía móvil.

Para ser sincera, se merecía un poco el castigo. No quería ser mala, pero la cara que puso Rudy cuando Óscar, el conserje, apareció con su chaqueta llena de barro seco, fue irrepetible. Como en las apps esas para poner voces graciosas y orejas de ratón a los vídeos: los ojos se le salieron de las cuencas, bien redondos, y con un gritito agudo dijo que era suya.

Alguien la había encontrado tirada en el jardín y Óscar llevaba una hora pasando clase por clase para averiguar de quién era y quejándose de que «los niños en secundaria ya no marcan la ropa, pero la pierden como si fueran de preescolar».

De ahí a la incomunicación de Andrea, había sucedido todo muy rápido: Rudy acusó a Alice; Alice no dijo ni pío (porque se había quedado muda de vergüenza); Vicky acusó a Andrea y las dos empezaron a discutir; mister Cameron los mandó al despacho de miss Basil; el señor

Alonso apareció al rato con cara de agotado y les echó de nuevo la bronca. Y, cuando llegó a casa, sus padres la esperaban muy enfadados porque habían recibido un correo de la Saint John.

El castigo «oficial», el de la escuela, llegaría en unos días. Tenían que reunirse los profesores para decidir qué medidas tomar... Mientras tanto, lo mejor que podía hacer era recortar murciélagos de goma negra para los baños de la Saint John. ¡Eso sí era empezar primero de la ESO con buen pie!

—*Oh-my-gosh!* —exclamó Alice a su lado cuando entraron en el gimnasio—. *¡Qué pasada!*

Los de bachillerato se habían encargado de crear una pista de baile como las de las películas americanas, nada que ver con sus baños con murciélagos colgando de las puertas... Todo el techo estaba cubierto de telarañas de espumillón plateado y negro, unas gruesas cortinas con tumbas de cartulina grapadas tapaban las paredes y ventanas, y unos faroles en forma de calabaza disimulaban las canastas. ¡Si en lugar de las tres de la tarde hubiesen sido las diez de la noche, habría parecido una fiesta alucinante! 🎃 😅

A su alrededor, grupitos de vampiros, superhéroes y esqueletos charlaban y bailaban alegremente. La música la ponía una miss Anderson vestida con una larga túnica con capucha, toda de negro, con la cara pintada como si fuera una calavera y con una guadaña de pega. Andrea pensó que era gracioso que la profesora que les hacía correr hasta no poder más se hubiese disfrazado de muerte. 😱 😱

—¡Bu! —gritó a su espalda un hombre lobo vestido con el uniforme de la Saint John, haciéndolas saltar—. ¿Os habéis apuntado al concurso de disfraces?

—Jamie, ¡nos has dado un susto de muerte! —respondió Alice, que lo reconoció a pesar de su máscara de lobo feroz.

—Pero ¿al final de qué insecto vais, de oruga? —les preguntó levantándose el morro para poder mirarlas mejor.

Alice agarró a Andrea de la mano para alejarse de Jamie, mientras él, cada vez más alto, recitaba nombres de insectos: «¿... cucaracha, mosca, hormiga verde, insecto palo?».

Era verdad que primero habían querido disfrazarse de insectos: con ropa negra de base y algún complemento, como alas, patitas, antenas y tul de colores, se podían hacer casi todos los bichos. Andrea había visto un par de tutoriales por Internet: le gustaba para ella el de abeja con falda negra y amarilla, y, para Alice, el de mariquita, con falda roja. Pero cuando Julia les propuso a ellas y a las gemelas hacer un disfraz conjunto, no lo dudaron: ¡en grupo todo es siempre mucho mejor! Y por eso ahora buscaban por el gimnasio a otras tres chicas vestidas de cactus.

—¡Allí están! —Andrea señaló a las chicas, que se habían sentado en un extremo de las gradas.

—Ve tú, me he dejado una cosa en la taquilla —dijo Alice.

—¿Te acompaño? —preguntó Andrea, siguiéndola.

—Don't worry, voy enseguida. —Y Alice se perdió entre princesas zombis y emojis que bailaban.

Claudia y Ángela llevaban un vestido verde idéntico de Campanilla de cuando fueron a Disneyland; Julia, un jersey de punto muy largo y grueso de su padre. Andrea había teñido una falda de lino que llegaba hasta el suelo y una blusa de cuando su madre era joven. Y Alice se había puesto un pijama-mono de Mike Wazowski con capucha que le habían regalado el año anterior por Navidad. La tarde antes, la habían pasado las cinco en la trastienda cosiendo cordeles blancos por toda la ropa. ¡Y la abuela les había hecho en un tiempo récord flores enormes rosas y rojas de ganchillo para ponerse en el pelo!

Esperaron a que Alice se uniera a ellas para ir a hacerse una foto de verdad, como recuerdo. Los de cuarto habían montado un *photocall* para sacarse algo de dinero para pagar el viaje de fin de curso. Había un poco de cola, y justo cuando estaban posando cada una con un brazo doblado hacia arriba y otro hacia abajo, intentando que no se les escapara la risa tonta, la música se detuvo con un pitido tremendo.

—Queridos alumnos de la Saint John —era miss Anderson, con el micro en una mano y su guadaña en la otra—, ha llegado la hora del concurso de disfraces. Por favor, despejad la pista y desfilad a medida que os vayamos llamando.

Antes, las cactus —así es como se habían bautizado a ellas mismas— tuvieron tiempo de convencer a la chica con la cámara para que les sacara una foto rápida. Aunque Andrea salió con los ojos cerrados; Alice, con el pelo en la cara; Julia, con una sonrisa muy rara; Ángela, medio de espaldas y Claudia, borrosa, porque se había movido. ¡Fue la peor foto de la historia, pero también la más divertida!

Mientras buscaban un buen sitio desde el que ver el concurso, a Andrea se le ocurrió una cosa:

—Oye, Al —le preguntó a su amiga, bajito—, antes cuando te has ido, ¿no habrás aprovechado para apuntarnos en el concurso, verdad?

—Meeee? —respondió Alice con voz aguda—. Qué va. A nosotras no...

—¡Uy! Yo sí... —las interrumpió Claudia.

Pero ya no pudieron regañarla porque

mister Cameron, disfrazado de un Jack Sparrow pelirrojo, empezó a llamar a los grupos a la pista.

¡Menudo bochorno! Andrea no sentía tanta vergüenza desde esa vez que fue a la boda de una prima de su madre y sus padres se pusieron a bailar como si fueran estrellas de baile de salón... y la arrastraron a ella también. ¡Claro que le gustaba bailar! Pero en un ambiente más íntimo... ¡y después de haber ensayado!

Su desfile-baile-paseo-de-las-cactus acabó siendo un número cómico. Claudia y Ángela, las culpables de su «éxito», empezaron a bailar como cactus-robots y las demás no tuvieron más remedio que seguirlas. Sonaba una canción muy conocida de Lady Gaga. Cuando acabaron, además de los bienintencionados ánimos de mister Cameron, solo recibieron algunos aplausos y bastantes silbidos.

Andrea estaba como mareada de la vergüenza que tenía. Y a su lado sus amigas no podían parar de reír. Pero se callaron de golpe cuando vieron al grupo que aparecía en la pista para el siguiente baile: ¡las comadrejas! Iban disfrazadas de animadoras zombis (bueno, Rudy de animador), y los tres entraron saltando y haciendo piruetas con pompones y todo. ¿Dónde habían aprendido a hacer una rueda combinada entre dos? Su número fue muy cortito, pero hubo muchos aplausos.

Después de aquello, Andrea quería desaparecer. 🙈

Por suerte, algunos lo hicieron todavía peor que ellas. Sasha, Aldo y Ernesto se habían disfrazado de Sweet California, con pelucas, maquillaje de estrellas del pop y vestiditos cortos. ¡Y se habían preparado una coreografía! Aunque luego cada uno bailó a su rollo y, en un momento dado, antes de que acabara la canción, se hicieron un lío y acabaron en el suelo. ¡A Aldo hasta se le vieron los bóxers por debajo de la minifalda! 😳

A Andrea le sorprendió la de gente que participaba en el concurso: ¡fue larguísimo! De hecho, las gemelas, que tenían a su hermana en tercero, le contaron que en los otros cursos participaba casi todo el mundo: se apuntaban unos a otros en plan de broma... ¡y por eso habían decidido apuntarse ellas mismas!

—Ha llegado el momento de la verdad —dijo mister Cameron-Sparrow de nuevo como maestro de ceremonias—. Antes de continuar la fiesta, los premios. Primero, los de primero. Venid todos aquí, por favor.

En un momento, las cactus, los Sweet California, los zombi-animadoras-comadrejas y un grupo de cinco Bob Esponjas (de la otra clase) se plantaron delante del escenario.

—Y los ganadores al mejor disfraz y actuación de primero de la ESO son... —Hizo un silencio como en las entregas de los Oscars—: ¡Los zombis de telenovela! ¡Victoria Pérez, Rodolfo Moliniari y María Candelaria Lee! ¡¡Un aplauso para ellos!!

A Alice y a Andrea les dolía la cara, la tripa y hasta los dedos de los pies de tanto reír. ¡No se habían molestado ni en disimular! Porque, después de todo, la situación se merecía una buena dosis de carcajadas...

Candy se había puesto blanca, roja, azul y hasta verde. ¡Parecía una animadora zombi de verdad! Subió de un salto al escenario, le arrebató el micro al profesor y dejó a todo el gimnasio sordo con unos gritos en los que decía que su nombre era Candy y, el del grupo, Un, dos, tres, zooombis. Vicky, como si no se hubiese enterado de nada, saludaba modo reina: con la mano bien plana y una sonrisa de oreja a oreja. Y Rudy no paraba de decir «Si yo me llamo Rudy, de verdad» a todo el mundo que se le acercaba.

La gente, en realidad, no se puso a reír por cómo había llamado mister Cameron a las comadrejas, sino por cómo reaccionaron los ganadores. ¡Parecían famosillos de la tele en uno de esos programas del sábado por la noche! Pero a ellas eso les daba igual, esa era su venganza...

14
Alice

—¿En serio se llama María Candelaria? —le preguntó Andrea unos días después—. ¿En serio? No me lo puedo creer —insistió su amiga.

—Eso dice su DNI... —afirmó Alice—. Como gracias a ella he pasado tanto tiempo en dirección, he descubierto alguna cosilla interesante. Un día lo oí mientras dos profesoras miraban los datos en una ficha...

Las dos se rieron y miraron hacia donde se habían sentado las comadrejas. Alice se preguntó por qué la habían tomado con ella. Si no tenía ningún interés ni en ser la más popular, ni en quedarse con Sasha (bastante había pasado ya gracias a «su plan»), ni en cortarse el pelo como un champiñón... ¡No quería competir con Candy! 😱

De hecho, acababan de vivir una experiencia marciana. Candy se les había acercado en la cafetería:

—Alice, lo he pensado y creo que es mejor que hagamos las paces. No tenemos que ser amigas, pero estoy dispuesta a enterrar el hacha de guerra. —Y le tendió la mano.

Ella no dijo nada, se la chocó y asintió mirándola a los ojos. ¡Vete a saber lo que pasaría por la mente de Candy debajo de ese pelo negro cortado en cazuela! La comadreja la soltó y, con la cabeza muy alta, regresó a su sitio junto a Rudy y Vicky.

—¿Qué le pasa? —preguntó Andrea.

—*I don't know, pero no me fío ni un pelo* —dijo Alice—. Dudo mucho que podamos relajarnos...

Pero ¡iban a tener mucho tiempo para relajarse! Después de la comida, el señor Alonso las llamó a la sala de profesores (una especie de cueva del dragón con libros, papeles y botellines de agua por todas partes) para decirles que «ya les habían asignado una tarea para colaborar con la escuela después del desagradable episodio del otro día». Es decir: un castigo. Tendrían que trabajar un mes en la biblioteca, todas las tardes después de clase.

Alice sintió cómo el peso de miles de libros le caía encima y aplastaba su vida. ¡Moriría de aburrimiento!

A su lado, Andrea disimulaba una sonrisa. No le parecía un castigo muy duro, la verdad. Ella se sentía superagusto entre libros polvorientos...

—Para evitar nuevos conflictos, vuestros compañeros colaborarán en la cafetería. Por favor, sed amables con ellos.

¿Candy fregando platos, Vicky sirviendo leche con galletas y Rudy barriendo bajo las mesas? Alice vio cómo un gran arcoíris levantaba todos los libros y la llevaba hasta una cafetería llena de unicornios, hadas y bichos de los bosques. ¡Eso sí que era un premio!

—He encontrado algo para ti —le susurró Andrea en la biblioteca al pasar por su lado con el carrito.

Mientras lo decía, Andrea sacó de la estantería unos cuantos libros de los que a Alice le parecían aburridísimos y metió la cara en el agujero que habían dejado. La sonrisa le llegaba de oreja a oreja. Hizo un gesto con la cabeza para que Alice se asomara por el agujero desde el otro lado del pasillo. ¿Se le había ido la pinza a Andrea? ¿O había encontrado un tesoro escondido detrás de los libros? Quizá había descubierto una nueva especie de duende empollón...

Pero ¡no! Cuando Alice se agachó para encajar la cabeza en el hueco que había dejado Andrea, descubrió que había creado una especie de «librería de espionaje»: a la estantería de detrás le faltaba un libro, de modo que ellas podían mirar sin ser vistas (a menos que alguien, en ese momento, fuera a coger un libro precisamente de ese sitio).

—Es lo que habría hecho James Bond, ¿no crees? —le dijo Andrea. Llevaba unos días muy aficionada a las pelis de espías con paraguas-pistola. Entonces le hizo una señal a Alice para que se pusiera a su lado y le indicó con gestos que mirase bien—. Al lado de la ventana, tercera mesa.

Tras un segundo de confusión Alice lo vio:

—¿Quién es? *He's soooo cute.* —Había un chico guapísimo que parecía un modelo.

—Creo que es de intercambio o algo así, lo he oído hablar en inglés con la Mosca...

La Mosca era la bibliotecaria, también conocida como señora Aurora. Llevaba unas gafas con el cristal tan grueso que su cara parecía la de una mosca. Y, además, se pasaba todo el rato haciendo «Shhh»...

—Me parece mucho más que adecuado para «The Kiss Project» —decidió Andrea en ese momento, obligándola a salir de su escondite y a abandonar sus magníficas «vistas».

—Pero eso ya está solucionado. La obra, do you remember? —A Alice todavía le daba vergüenza reconocerlo delante de su amiga, pero sabía que pronto iba a dar su primer beso...

—Ni de coña, Al. Vamos a averiguar cuál es el chico ideal para ti. No para Julieta, sino para Alice. Y lo primero es saber qué chicos te hacen tilín.

Cuando arrancaba, a Andrea no la detenía nadie. Alice intentó hacerla callar, pero lo cierto es que la idea le empezaba a gustar...

—¡Shhhhh! Señoritas, estos libros no se repartirán solos —siseó a su espalda la Mosca, cortando en seco la diversión. ¿De dónde había salido?

Hasta un par de días después no pudieron retomar su conversación. Andrea seguía sin móvil (¡ya le quedaba poco!) y la biblioteca, durante su castigo, era el único rato que tenían a solas.

Se habían sentado en una de las mesas de estudio, una al lado de la otra. Su tarea consistía en hacer copias de las tarjetas de préstamo de todos los libros que se habían devuelto esa semana. Por algún motivo, en lugar de azules a partir de ahora debían ser verdes. Y, por lo visto, la tecnología no había llegado al mundo de las bibliotecas: las copias tenían que hacerlas a mano, una

a una y con buena letra. ¡Como en la Edad Media!

Andrea cogía un libro, lo abría y buscaba la tarjeta. Si era azul, la sacaba y le dictaba a Alice el título, el autor y un número de registro. Hacían el cambiazo y rompían la ficha vieja. Esa era la parte favorita de Alice: poder rasgar el cartoncito con los dedos y hacer confeti de color azul. Tenía ya un buen montoncito cuando la Mosca se acercó a ellas para decirles que tenía que salir un minuto y que vigilaran que nadie se llevara un libro sin apuntarlo.

Alice miró a su alrededor: esa tarde había muy pocos chicos en la biblioteca. Pero uno de ellos era ese chico mayor taaan guapo.

—Ese entra en la lista de chicos para ti de cabeza —le dijo su amiga. Andrea dejó el libro que tenía en las manos y le quitó el boli y la tarjeta—. Se llama Jean y está en cuarto. Creo que es francés.

—Ufff, pues no lo pongas, es imposible que llegue a hablar con él.

—Bueno... Pero no vale eliminarlos a todos de entrada, ¿vale? ¿Quién más? ¿Smile?

—*I don't know*... ¿Cuenta? —Si le daba un beso a Sasha en escena ya estaba, ¿no?

—A ver, esto es para saber qué chicos te gustan o te pueden gustar. ¿Lo apunto? —Alice asintió, y Andrea, aplicada, escribió el primer nombre.

—¡Ah! No se me ocurre nadie —dijo Alice un poco desanimada.

—¿Algún amigo de tu hermano? —sugirió Andrea. Alice se rio. ¡Seguro que su amiga pondría a Jamie!

—No, Oli y Marcos son, *you know*, demasiado conocidos. Aunque Pierre sí tiene algo...

—Muy bien, ¡dos! —Andrea dio unos aplausos de alegría antes de continuar—: ¿Alguien de primaria?

—¡Que va! Son todos unos niños...—Aunque lo cierto es que desde que acabaron el curso ni ella ni Andrea habían tenido contacto con nadie de su antigua escuela. Era una cosa que tenían pendiente...

—¿Y de clase? ¿Aldo, Ernesto?

—Mmmm. ¿Pete? Tiene unos ojos muy bonitos. —A Alice le gustaba cómo hacía de Mercucio. Ya no era tan exagerado cuando actuaba.

—Creo que no eres su tipo... Ya me entiendes. Pero lo podemos apuntar.

—Y pon a Aldo también, es bastante mono y siempre me saluda. —A Alice le sorprendió los pocos chicos besables que conocía.

—¿Javi?

—Quizá cuando crezca... —Javi era muy majo, de hecho, eran amigos, pero lo cierto es que todavía era un poco pequeño. Andrea puso cara de comprenderla.

—¿Y de la otra clase? Tenemos a ese grupito que siempre está jugando al baloncesto...

—¿Y Carlos? —la cortó—. Aunque pasa desapercibido, es bastante guapo. Y conmigo siempre ha sido simpático.

—¡Uh, uuuuh! ¡Adjudicada una ración de besos con Carlos para la señorita! —bromeó Andrea mientras escribía.

Aunque, en realidad, tampoco es que le gustara de «gustar», pero lo encontraba majo y tenía «algo».

—Creo que me planto —decidió entonces. No le apetecía hacer una lista con «ese de segundo que toca la guitarra» o «todos los de bachillerato que juegan al fútbol».

—¿Y tú? ¿No va a haber un «busquemos chico» para Andrea?

—Oh, sabes que estoy en una relación —respondió, rápida, su amiga.

—¡Anda ya! ¿Cuánto hace que Hugo no te llama? Admítelo, dudo que te cases con él...

—¡Qué vas a saber tú! —Alice notó que a Andrea le había molestado el comentario y que se ponía seria. Así que decidió dejarlo.

—Perdona, Andy. Pero si te apetece hacer una lista, me lo dices, ¿ok? ¡Solo por reírnos! Y te dejaré poner a mi brother... —Andrea le dio un codazo como respuesta. Aunque se estaba riendo y, Alice se fijó, se había puesto un poco roja.

15
Andrea

Tenía que reconocer que Alice un poco de razón sí tenía. Es decir, no es que Hugo se preocupara mucho por su relación. ¿Cuánto tiempo había pasado? ¿Dos meses? ¿Y cuántas veces había llamado él? Andrea no tuvo que pensarlo mucho: ninguna. Bueno, estaba ese mensaje que le mandó, el que usaron para el trabajo de Communication. Y la vez que ella le colgó. Pero poco más.

Aunque cuando ella le llamaba, él siempre le decía cuánto la echaba de menos. E incluso había empezado a planear un encuentro para el puente de primeros de diciembre: quería convencer a sus padres para alquilar el mismo apartamento que en verano. O para hacer una escapada a su ciudad con la excusa de visitar no-se-qué museo. Y eso a Andrea le hacía mucha ilusión...

Volvió a mirar el móvil por si Hugo había dicho algo nuevo. Nada. Al final iba a ser cierto eso que le decía su abu de que, sin móvil, se vivía mejor... Incomunicada, tenía menos de lo que preocuparse. En cambio, ahora, una llamada perdida de quien fuera se convertía en su cabeza en una emergencia, un error de marcado y un simple «hola, qué tal», todo a la vez.

Andrea respiró hondo. Que no hubiese ninguna notificación en su móvil no quería decir que no hubiese novedades fuera, en el mundo real. La señorita Díaz, la profesora de Science, había decidido que fuera el azar quien formara los grupos de trabajo por parejas.

—¿Sabíais que los arqueólogos han encontrado juegos de azar de más de cinco mil años de antigüedad? Si nos los dejaran, que es muy poco probable —ahí hizo una risita por encima de sus gafas redondas—, podríamos jugar a los dados. ¿No os parece increíble?

La señorita Díaz siempre hacía y se hacía muchas preguntas. Aseguraba que la ciencia existía porque los humanos se habían preguntado cosas desde siempre. Y que como éramos humanos, debíamos cuestionarnos las cosas a menudo.

—¿A quién le gusta jugar? —preguntó mientras sacaba una gran caja de cartón de debajo de su pupitre. Los miró a todos un momento y se arregló la blusa (siempre llevaba unas blusas largas preciosas) antes de continuar—: Pues vamos a jugar al bingo.

Evidentemente, no se jugó al bingo en la clase. Aunque a Andrea le habría encantado. De pequeña tuvo uno y cuando se quedaba a dormir en casa de los abus hacían unas partidas muy divertidas. Lo que hicieron —bueno, lo que hizo la señorita Díaz— fue formar las parejas para el siguiente proyecto. Uno por uno, tuvieron que salir a sacar una bola: Andrea tenía el 17; Alice, el 2. Esos eran sus números y la profe los anotó para evitar las trampas, «que son tan antiguas como los juegos». Y, luego, sacó de nuevo las bolas, pero de dos en dos.

Y esa era la lista que estaban mirando ahora Andrea y Alice: el 17 iba con el 21; el 2, con el 14.

—¿Un número difícil?

—Un número primo —respondió antes de saber quién había preguntado.

—¿Tú también? Me encantan los números primos.

Alice le pisó un poco el pie y, cuando la miró para quejarse, vio que su amiga tenía los ojos muy abiertos.

—¿Tenéis el diecisiete?

Quien preguntaba era Carlos. ¡Carlos! El Carlos de Alice. Y después del chasco del otro día, no sabía si podría mirarlo a la cara.

El día de la biblioteca, después de estar un buen rato con la lista de chicos que le hacían gracia, se les hizo la hora de recoger y volver a casa. Y cuando se pusieron de pie para llevar las cosas al mostrador de la Mosca, descubrieron que Carlos estaba sentado en la mesa de detrás, a muy pocos metros de ellas... ¡y de sus *bocazas*! Él las saludó con la mano y con una sonrisa. Llevaba puestos los auriculares, pero ¿y si lo había escuchado todo?

Por eso ahora Andrea se moría de vergüenza delante de él. Y, Alice, a su lado, estaba blanca como el papel, con la mirada fija en la lista.

Detrás de Carlos había un grupo de chicos y chicas que intercambiaban números y nombres, y alguien gritó:

—¿Quién tiene el dos?

Y Alice se fue inmediatamente, sin despedirse, a buscar a su salvadora.

Andrea volvió a arreglarse la falda. Su madre le había recosido el dobladillo, pero con un hilo más grueso, y se le levantaba un poco. Anotó mentalmente ponerse pantalones hasta que llegara la primavera.

Carlos, en cambio, parecía muy cómodo. Sentado a su lado, iba hablando para sí mismo y anotando cosas en un papel. Era bastante delgado, de la altura de Alice. Jugueteaba con su boli y, sin darse cuenta, se había pintado media docena de pecas azules por toda la cara.

Andrea miró hacia donde estaban Alice y su compañera, Katrine, una chica guapa, alta y con una espesa melena rizada (y muy amiga de Aldo, por cierto). Las dos parecían muy concentradas.

—¿A ti qué te parece? ¿Andrea? —Carlos le mostraba un papel lleno de números y flechas.

Estaban en los jardines del museo de ciencias y hacía un día estupendo, muy soleado. Andrea entrecerró los ojos para poder leer: definitivamente, no entendía nada. La señorita Díaz los había llevado allí después de formar las parejas para una especie de «día de la ciencia». Primero debían trabajar en su proyecto (el papel de Carlos) y después, por grupos, entrarían en el planetario. Ah, y más tarde tendrían un rato libre para visitar lo que más les gustara (y debían escribir un pequeño artículo sobre ello). Decidió ser sincera.

—¿La verdad, Carlos? Me he perdido en el minuto uno, lo siento. —Y puso su mejor cara de «no me mates, soy adorable, aunque no me entero». 😌 😉

—A ver, me parece que con una moneda te lo explicaré mejor. ¿Tienes un euro? —A Andrea le sorprendió un poco la respuesta del chico, porque lo normal habría sido que se hubiese enfadado con ella por no prestar atención...

—Claro —dijo rebuscando en su monedero—. ¿No será un truco para conseguir una Coca-Cola gratis, no?

—No me gusta la Coca-Cola.

Quizá no entendió la broma, porque enseguida cogió un euro que Andrea llevaba y se puso a lanzarla en el aire una y otra vez. Mientras lo hacía, le contó a Andrea que el azar es el que decide si cae de cara o de cruz... Y aunque el azar no podemos controlarlo, hay ciencias que lo intentan: la probabilidad y la estadística. A Andrea, estas palabras le daban un poco de dolor de cabeza, pero con Carlos lo entendió:

—Solo puede salir o cara o cruz. En teoría, hay las mismas opciones de que te salga una u otra cosa. Cincuenta, cincuenta.

—¿Cómo? —preguntó ella.

—Sí, cincuenta por cien de opciones. Cuando la moneda está en el aire, el cincuenta por cien va por la cara y el otro cincuenta, por la cruz.

—¿Y si la tiras cien veces, te saldrán cincuenta de cada?

—Bueno, en realidad podemos probarlo a ver qué pasa.

Y así es como pasaron la mitad de la mañana: haciendo volar un euro para ver de qué lado caía. Ah, y anotándolo todo en un papel. Para hacer ciencia, siempre hay que tomar notas...

El planetario se parecía a un cine al que fue una vez con la familia de Alice: grandes butacas en semicírculo y una pantalla enorme. La diferencia era que aquí la pantalla subía hasta el techo... y que no iban a ver ninguna peli de acción.

Buscó a su amiga con la mirada para que se sentara a su lado. Bueno, el plan era que se sentara al lado de Carlos. En los ratos que había pasado con él no había dado señales de haber escuchado nada del TOP TEN BOYS y, además, era muy simpático. Un poco friki de las ciencias, pero bastante divertido.

Primero vio a Katrine, mejor dicho, el pelo de Katrine. Sus rizos castaños sobresalían del respaldo de una de las butacas de la primera fila. Y, en la butaca de al lado, encontró la cabeza rubia de Alice. Oh, y al lado, había otra cabeza y otra y otra. Habían llegado demasiado tarde para el encuentro que había planificado Andrea...

—Ven, esto se ve mejor desde el centro de la sala. —A Carlos no pareció importarle y la siguió. Claro que no sabía nada de nada...

Andrea iba a hacer una broma sobre que habían olvidado comprar palomitas, pero lo pensó mejor. Entre las butacas comodísimas, las luces de la sala que se apagaban y las estrellas del techo que empezaban a tililar, aquello parecía más una cita que una clase de la Saint John. Solo les habría faltado compartir palomitas, ¡como un par de novios!

Andrea se acurrucó en su asiento: Carlos era majo y era para Alice; ella tenía novio. Qué pena que no hubiera conseguido sentarlos juntos.

—No me extraña que en la antigüedad la gente pensara que las estrellas guiaban sus destinos... Son alucinantes —dijo Carlos a su lado.

—Son las estrellas las que se ponen en contra de Romeo y Julieta —respondió ella sin saber por qué. Siempre le había gustado que la obra no hablara de dioses, sino de estrellas.

—*A pair of star-crossed lovers take their life* —recitó el chico, que había memorizado el fragmento—. Lo de *star-crossed* mola, como si a las estrellas se les hubiesen cruzado los cables.

Andrea se quedó sin palabras y tradujo de memoria: «Por mala estrella, de estos enemigos nacieron los amantes desdichados». ¡Carlos se sabía la obra! Pero no actuaba, ¿verdad?

—No me mires así, de pequeño mi madre siempre me leía *Romeo y Julieta* en inglés. Aunque no creo que sea para críos...

16
Alice

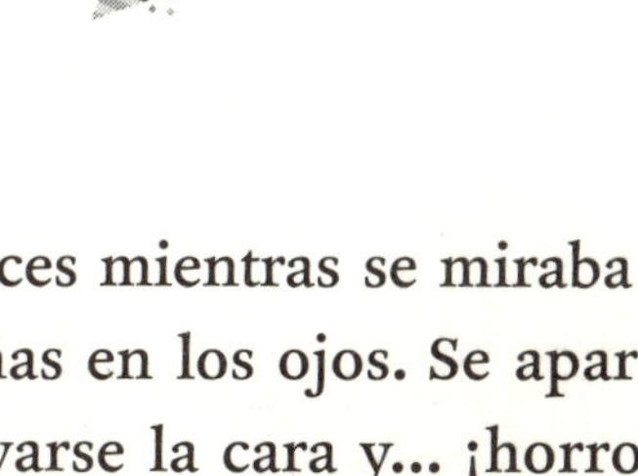

¡Hoy era el gran día!
¡Hoy era el gran día!
¡Hoy era el gran día!

Alice se lo repitió tres veces mientras se miraba en el espejo, todavía con legañas en los ojos. Se apartó un poco el flequillo para lavarse la cara y... ¡horror! La chica del espejo tenía un enorme GRANO encima de la ceja derecha. ¡Imposible! ¡Esto no le podía estar pasando a ella!

—¡Al! ¿Vas a estar mucho rato más? *I need to poo!* —Su hermano toda la vida había sido igual de asquerosillo a la hora de compartir baño.

—Voy a abrir, pero no te rías, ¿vale? —respondió ella

a través de la puerta. Al fin y al cabo, Jamie tenía bastante más experiencia que ella con los granos...

Se rio, aunque solo un poquito. Luego se puso en plan hermano mayor que sabe de qué va todo en la vida y le prestó su jabón para la cara y le recomendó que no se lo tapara ni con maquillaje ni con nada: «Lo que les va mejor es el aire puro». Pero, claro, Jamie no sabía que hoy era el gran día.

De nuevo en su cuarto, repasó mentalmente sus opciones:

a) Podía ir tan feliz al ensayo con la esperanza de que hubiesen cambiado la escena que iban a representar y que, por lo tanto, en realidad no fuera el gran día.
b) Podía no presentarse y mandarle un mensaje a Julia para que dijera que estaba con tifus, escarlatina o alguna otra enfermedad que sonara muy contagiosa.
c) Podía taparse el grano con maquillaje, con una cinta de correr o con un gorro hasta las cejas.
d) Y podía llamar a su mejor amiga para llorar juntas. Quizá la magia de la amistad haría desaparecer su grano.

Se decidió por la última opción y se sacó una selfi con cara de horror.

Andrea tardó medio segundo en responder. Su consejo: que lo escondiera un poco con el pelo, que lo tenía bastante largo, y que llevara su grano con orgullo porque eso quería decir que se hacía mayor. A Alice no le acabó de convencer la propuesta... pero al escuchar a Andrea se dio cuenta de que a ella le daban igual esas cosas. Si a alguien no le gustaba, que no mirara.

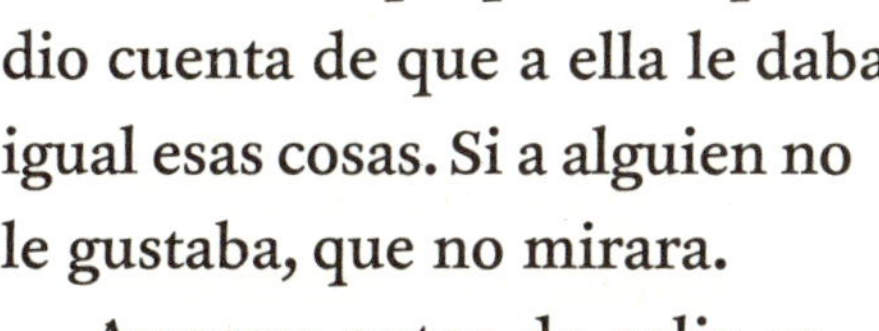

Aunque antes de salir se fue al baño de sus padres y se puso un poquito de maquillaje de mamá, casi nada, encima del grano.

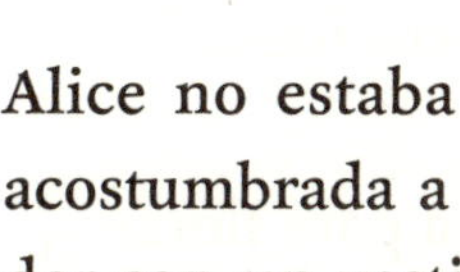

Alice no estaba muy acostumbrada a andar con un vestido largo hasta el suelo y con corsé:

¡casi no podía respirar! Andrea se había pasado apretándoselo... Y la máscara, en cambio, le iba un poco floja y se le caía todo el rato encima de los ojos.

Tenía que parecer una Julieta que anda con gracia y elegancia por el gran baile de máscaras y, en cambio, se sentía como la chica que vive dentro del disfraz de Pluto en Disneyland, tropezando con el decorado a medio pintar y con sus propios pies.

En la escena quinta del primer acto, la fiesta en la casa de los Capuleto, era cuando Julieta y Romeo se enamoraban a primera vista... y se besaban; aunque el encuentro no llegaba hasta casi el final de la escena, después de una coreografía moderna con todos los actores haciendo de extras. Ella en realidad no tenía que saberse ningún paso, la gracia era que no pudiese bailar, solo tenía que intentar acercarse a su Romeo. Y la verdad es que con la música tan alta, el vestuario incómodo y los nervios por el beso, se agobió un poco.

Luego notó que alguien la empujaba, pero otra mano la agarraba para salvarla. Vio a Julia, vestida de nodriza, que le sonreía. Pero entonces sintió que tiraban de su codo y que una zancadilla le hacía levantar un pie del suelo... y que se caía. De culo. Justo cuando la música llegaba a su fin y todos se iban corriendo. Solo quedaban ella y Sasha en el escenario.

—Si yo profano con mi mano indigna este santuario, mi castigo es este: ¡mis labios peregrinos se disponen a borrar el contacto con un beso! —recitó Sasha mientras le cogía de la mano para ayudarla a levantarse. Cuando estuvo de pie, se la besó.

Ella se quedó unos segundos en silencio: su mano y su brazo entero, fríos por los nervios, ahora estaban entrando en calor. Escuchó cómo la voz de Andrea, entre bambalinas, le chivaba un «¡Injusto con tu mano, peregrino eres!». Alice, con la mano libre, se acabó de desatar la máscara y, ya con la cara despejada, empezó a recitar su parte:

—¡Injusto con tu mano, peregrino eres, porque ella se mostró devota! —Miró a Sasha a los ojos mientras hablaba y él le sonrió. En su cabeza, estaban los dos solos. Así que habló sin equivocarse ni en una coma.

—¡Ahora por la gracia de tus labios... —dijo finalmente Sasha, acercándose más a ella. Alice sentía que el corazón le latía en las orejas— ... quedan mis labios libres de pecado!

Y LA BESÓ. Un beso suave, en los labios, muy cortito. Aunque lo bastante de verdad como para que a Alice se le pusiera la cara roja como un pimiento. Y, mientras recobraba la respiración, vio que a Sasha también le habían subido un poco los colores.

—¡Ahora tu pecado está en mis labios! —continuó hablando Julieta. Y mientras recitaba hasta el final de la escena, entrando y saliendo, Alice pensó que ya estaba,  *ya había dado su primer beso.* Y no había estado nada mal.

Consiguió aguantarse hasta que ella y Andrea se quedaron a solas con la excusa de hacer retoques a su vestuario. Se fueron a una de las aulas de segundo, que eran las que quedaban más cerca del auditorio.

—¡Iiiiiii! —chilló cuando la puerta estuvo cerrada—. ¡Qué nervios! Pensaba que no podría y, mira, ha sido... *just magic.*

—Je, je —se rio Andrea, mientras la ayudaba a quitarse el corsé—. Os habéis puesto los dos como tomates. Yo creo que a él también le gustas. Y he visto que a Candy le salía humo por la nariz...

—*Well,* si le gusto, le gusto. Pero si está con ella solo nos vamos a besar en el escenario. —Alice lo tenía claro: no quería ser la chica que roba novios. Y menos ahora que Candy estaba más tranquila.

—Quizá con vuestro beso abra los ojos y descubra que no quiere ser un comadrejo —observó Andrea mientras ponía alfileres en el bajo de la falda para acortarla un poco y que se tropezara menos—. ¿Has podido hablar con él?

—¡Qué va! Bueno, me ha dicho que quería hablar después para ver cuándo podemos quedar para ensayar los dos. Nuestros diálogos, ya sabes... ¿Te importa si me voy con él?

—¿Estás de coña? Esto me suena a cita... —canturreó su amiga, sacándole de nuevo los colores—. Por cierto, creo que puedo ponerle alas a tu vestido, como el que lleva Julieta en la peli.

—Uff, no creo que sea lo mío. Si no puedo con un vestido de princesa y un antifaz... con las alas pareceré una gallina vestida de seda.

Toc, toc, toc.

La puerta se abrió y Julia asomó la cabeza.

—¿Se puede? No os encontraba... ¿Qué tal es besar a Sasha? —preguntó cerrando de nuevo la puerta—. ¿Interrumpo?

—La intentaba convencer de añadirle alas blancas al vestido —resumió Andrea.

—*No way* —respondió ella, sin dudar—. ¡Co-co-coooo!

Andrea y Alice se rieron y le dijeron lo guapa que estaba vestida de Julieta y que, con alas, parecería un ángel.

—Y a Candy le saldrían cuernos de diablilla... —dijo Julia—. Tendrías que haberle visto la cara cuando os habéis quitado las máscaras para miraros con ojos de pimpollitos enamorados.

—¡Anda ya! ¿Pimpollitos? No nos hemos mirado así —intentó protestar Alice.

—Vamos, Alice, ¿me vas a negar el *feeling*?

Alice buscó a Andrea con los ojos, para que la rescatara, pero ella parecía estar la mar de entretenida con la conversación...

—Ha sido mi primer beso —confesó en voz tan baja que casi ni ella lo escuchó.

—¿En serio? Es decir, no pasa nada, claro, es normal, o sea que no hayas besado a nadie antes en plan romántico. Yo, sin ir más lejos, no he besado a nadie. ¿Y tú, Andrea? Supongo que a Hugo, ¿no? —Andrea asintió.

—Aunque técnicamente no sé si ha sido un beso —añadió.

—¿Qué? —exclamaron a la vez Andrea y Julia.

Y Alice, rápidamente, les contó por qué, después de

todo, no había dado su primer beso. Un beso, sí, era obvio, pero NO SU PRIMER BESO:

1. No había sido espontáneo, sino que lo marcaba el guion. «La besa», ponía entre paréntesis en las fotocopias.
2. Tenía dudas de si Sasha la habría besado si no hubiese sido él Romeo y, ella, Julieta. Es decir, ¿había sido «nada más» parte de la actuación?
3. Solamente habían juntado los labios. Un pico. De unos segundos. No un beso, beso.

Mientras les explicaba todo esto, sus amigas la miraban como mirarían a un marciano verde que canta rancheras en ruso.

—No será un truco para que no se acabe «The Kiss Project», ¿no? —le preguntó Andrea, medio en broma—, porque podemos hacer la segunda temporada.

—«The Kiss Project» es como llama Andrea a su gran plan para que bese de verdad, verdad, a un chico —le aclaró Alice a Julia—. Lo de la obra fue solo idea mía...

De repente, se abrió la puerta y Sasha entró.

—¡Por fin! Chicas, os hemos buscado por todas partes. ¿Tenéis idea de la hora que es?

Y volvió a salir al pasillo para gritar un «ya las he encontrado» al resto de los compañeros.

—¡Ay! ¡Romeo, Romeo! —canturreó Julia.

Alice notó que volvía a ponerse roja. Al ver a Sasha, unas mariposillas revolotearon en su barriga por primera vez.

17
Andrea

Andrea se escondió detrás de la esquina. Con la espalda apoyada en la pared y la carpeta bien abrazada, respiró de nuevo. ¡Había ido por los pelos! Pensó que el mismísimo James Bond habría estado orgulloso: con la agilidad de una pantera (o de una superespía), acababa de cruzar el pasillo sin que Alice la viera.

Tenía una misión: llegar hasta la otra clase de primero para darles el mensaje a Julia y a Ángela. Claudia, Javi y Katrine ya tenían los suyos.

Sacó la cabeza medio segundo para comprobar si ya era seguro avanzar hacia su objetivo: Alice estaba rebuscando en su taquilla. Andrea dio las gracias por tener una amiga tan desordenada. ¡Podía estar diez minutos sacando papeles, gorras y restos de comida hasta que encontrara lo que buscaba!

Con paso decidido y sin perder de vista el cogote de su amiga, Andrea caminó hasta la puerta del aula, que estaba entreabierta, y se coló dentro. *Uf, ¡casi le da un infarto!* Detrás de ella, empezaron a entrar chicos que sí eran de esa clase: eso quería decir que el profe ya se acercaba...

En dos rápidos movimientos, Andrea se acercó a Ángela, le dio su sobre y le susurró unas palabras al oído. Después, sin parar ni para tomar aliento, hizo lo mismo con Julia. Y, sin bajar la guardia, volvió a salir al pasillo, donde solo quedaban cuatro despistados y miss Fountain.

—Andrea, me parece que sales del aula equivocada. ¿No tienes clase? —la interceptó la profe.

Ella solo pudo responder con monosílabos:

—Sí, eh, ya... voy.

Y mientras corría hacia su clase, Andrea pensó que una James Bond de doce años debería tener respuestas preparadas para estos casos. Tipo «no hay aulas equivocadas, solo pasillos que dan rodeos» o «un vestido precioso, miss Fountain, usted sí que tiene clase».

Llegó al laboratorio medio segundo antes que miss Anderson, sudada como un pollo. Pero había merecido la pena. Ya solo le quedaban los más difíciles: Carlos y Sasha.

A Andrea le gustaban las cosas bien hechas y, para ella, una invitación debía ser bonita e ir dentro de un sobre. Lo de mandar un mensaje de Whatsapp no cabía en su cabeza. Y mucho menos para invitar a alguien a una fiesta sorpresa. ¡Porque dentro de nada era el cumple de Alice!

Como su mejor amiga en el mundo mundial, era su responsabilidad organizarle una superfiesta. Cuando ella cumplió doce, Alice la invitó por sorpresa a visitar el nuevo acuario de la ciudad: tiburones, pececillos de colores, pingüinos ¡y hasta una manta raya de metro y medio de ancho! ¡Había sido una pasada!

Pero, evidentemente, no es lo mismo cumplir años en sexto que hacerlo ya en secundaria... Para Alice tenía pensada una fiesta mucho más de mayores: habría comida, habría globos metalizados (mucho más elegantes), habría música por si alguien se animaba a bailar y, lo más importante, no habría ningún adulto.

—Hoy no vamos a hacer deporte, no te hacía falta calentar —le dijo la profe aguantándole la puerta y devolviéndola a la realidad con una sonrisa.

Miss Anderson, como de costumbre, vestía un chándal de algodón gris con dos rayas blancas en los lados y unas zapatillas de deporte de color fucsia. Era alta y bastante huesuda, aunque muy joven. Corría el rumor de que era el fantasma de una exalumna que se perdió su graduación y que, en lugar de irse a su casa, a la universidad o de vacaciones con sus amigos, se había quedado atrapada en la Saint John. Y, al final, la directora miss Basil la había aceptado como profesora de *Health*.

A Andrea le parecía una leyenda urbana bastante absurda. Entre otras cosas, porque era la profesora más normal que tenían. O, por lo menos, la más humana: se reía (incluso hacía algún chiste), trataba a los alumnos como personas (salvo cuando les hacía correr dando vueltas al edificio) y siempre se ponía colorada cuando se cruzaba con el señor Alonso por el pasillo. A decir verdad, esto último era un secreto que solo conocían Andrea y Alice; pero era cien por cien cierto... ¡Y todo el mundo sabe que los fantasmas no se pueden sonrojar!

Andrea se sentó al lado de su amiga con su mejor cara de «yo no vengo de repartir invitaciones para tu fiesta sorpresa» dispuesta a aprender todo lo que pudiera sobre la fiebre, el sudor y los mecanismos de regulación del cuerpo humano.

—¡Carlos! ¿Tienes un segundo? —Andrea lo abordó nada más acabar la clase.

—Es como una máquina, Andrea: cuando el cuerpo necesita enfriarse, nos hace sudar. Primero tenemos calor, pero...

—No es eso, hombre —le interrumpió, tocándole el brazo—. Es que estoy montando una fiesta para el cumple de Alice, dentro de dos sábados, y me preguntaba si... eso... ¿te gustaría ir?

Se había puesto un poco nerviosa al ver que él sonreía. Se le había formado un pequeño hoyuelo en la mejilla derecha y las pecas se habían vuelto un poco más oscuras. ¡Y le había tocado!

—¡Oh, claro! Me encantaría —contestó él sin dejar de sonreír.

—Toma —Andrea le tendió su sobre con disimulo y se fue volando. No entendía qué le había pasado...

—¿A qué ha venido eso? —Alice y Javi la estaban esperando en la puerta del laboratorio—. No has recogido ni los apuntes...

—Perdonad, es que tenía que comentarle una cosa de lo de probabilidad.

Alice la miró con cara de no creérselo del todo, pero, por suerte, Javi la salvó:

—¿Habéis hecho el experimento de cara o cruz? Carlos me contó que vais a hacer la prueba quinientas veces más para ver si los resultados cambian.

«¡Salvada por las mates!», pensó Andrea. Con Sasha tendría que tener más cuidado...

—¿Cómo vas con Hugo?

Hacía bastante frío y, después de las clases, en lugar de ir a dar una vuelta, se habían refugiado en casa de

Alice. Andrea estaba cotilleando las fotos que su amiga tenía colgadas en la pared (aunque se las sabía de memoria). Ella, en cambio, dibujaba algún nuevo tatuaje en su cuaderno de bocetos.

—Bien —respondió automáticamente—. Bueno, la verdad es que no sé mucho de él. Es como si no se hubiese molestado en cortar conmigo, pero tampoco fuéramos novios. No sé...

—*Really?* Pero ¿habéis hablado algo?

—¡Qué va! Cuando le dije que no iríamos al apartamento, estuvo unos días muy entusiasmado diciendo que vendría a verme... Y, luego, nada.

—¿Y qué vas a hacer? —preguntó Alice con cara muy seria. Incluso había dejado a un lado su dibujo.

Andrea se sentó a su lado y respiró hondo.

—Tendría que cortar con él, ¿no?

Llevaba ya unos días pensándolo. Primero, había tenido la esperanza de que se verían y podrían aclarar las cosas, pero, después, cuando vio que no iban a encontrarse... la palabra «*cortar*» había empezado a aparecer por su mente.

—¡Uy! Pues esto merece una segunda merienda, ¿no crees? —respondió Alice para animarla.

Bajaron juntas a la cocina y, en pocos minutos, su amiga organizó un banquete: frutos rojos, *cookies* de chocolate, un *smoothie* de frutas...

—No hay leche, voy a ver en la despensa.

Y mientras Alice recorría el pasillo hasta el garaje, donde sus padres guardaban la leche, el papel de váter y las demás cosas grandes de la compra, Andrea oyó que la puerta de la calle se abría.

—*I'm home!* —anunció Jamie. Y en cuanto la vio—: Tú no vives aquí, ¿verdad?

—Solo a ratos —bromeó ella—. Alice ha ido a por leche.

—*Great!* —respondió él, cogiendo una *cookie*.

—Oh, por cierto, Jamie —Andrea se acordó de algo importante—, estoy organizando una fiesta sorpresa para el cumple de tu hermana.

—Gracias, pero paso, con la comida familiar ya tengo bastante.

—No, no es eso. —¿Pensaba que le había invitado?—. ¿Puedes decirles a tus padres que va a ser el otro domingo?

—Claro, *don't worry*.

En ese momento, apareció Alice con un cartón de leche en la mano.

—¡Lo tengo! Ah, *hi, brother*. ¿De qué habláis?

—Nada, de la merienda—respondió Andrea. ¿Habría escuchado algo?

—Eso, de la merienda —repitió Jamie con una sonrisa de oreja a oreja. Y, antes de irse, le guiñó el ojo a Andrea.

Las dos amigas acabaron de preparar las cosas y regresaron al cuarto de Alice. Y ella, en cuanto cerró la puerta, atacó:

—¡Te has puesto roja!  

—¿Cómo? —Andrea no sabía de qué hablaba.

—Cuando mi hermano hablaba contigo, te has puesto roja como un tomate. ¿Te gusta Jamie, verdad?

—¡Anda ya!

El móvil de Andrea anunció un mensaje, cortando la conversación. ¡Salvada!

—¡Ostras!

—¿Qué pasa? ¿Es tu madre? ¿Tienes que irte?

Era una nota de voz de Hugo... ¿Tenía telepatía? Alice se levantó y dijo que iba al baño. Pero Andrea le pidió que se quedara:

—Sea lo que sea, prefiero que estés conmigo.

Así que, juntas, le dieron al *play*.

«Hola, bonita. ¿Te falta algo? Je, je, je. Con las prisas, al final me quedé con tu gorro. No sabes las ganas que tengo de volver a verte. Lo pasé genial el sábado. ¿Quieres que quedemos este finde? Los de mi pandilla querían ir al cine, ¿te apetece? Ya me dirás. Un beso».

Las dos amigas se quedaron completamente mudas. Andrea, confundida, volvió a poner el mensaje. Era la voz de Hugo, sin duda. Pero por lo que decía, su «bonita» no era ella...

—*Call him* —dijo, enfadada, Alice—. Llamémosle. Que se entere.

—¿Ahora? —Andrea no tenía claro que fuera una buena idea.

—Vamos, Andy, este chaval tiene otra novia. ¿No lo ves? Llámale y acláralo.

—¿Y qué le digo?

—Pues que se ha confundido de chica.

18
Alice

—¿Estás segura de que no quieres que volvamos a repasarlo todo? Yo todavía puedo quedarme un rato. Y me da para tomar otra limonada.

—Es que me va a salir humo de la cabeza, no te lo tomes a mal...

—Pues no repasemos. Pero ¿compartirás conmigo esa limonada?

—Claro...

¿Cómo iba a resistirse a esa sonrisa? Lo que de verdad le pasaba a Alice es que cada vez que Sasha se le acercaba o le cogía la mano, a ella se le aceleraba el corazón. ¡Y eso no podía ocurrirle! No con él...

Habían quedado para ensayar las partes de la obra en las que Romeo y Julieta tenían diálogo. Y la verdad es que habían mejorado bastante. Pero después de toda la mañana y media tarde ensayando, Alice ya no sabía cuándo era Julieta y cuándo ella misma.

Sasha se levantó y fue a por la limonada y, de paso, a por unas patatas fritas. Estaban en una granja de esas que lo mismo te sirven chocolate con churros que croquetas o boquerones. Había un par de mesas con abuelas merendando y charlando como cotorras, otras dos con chicos de su edad o un poco mayores estudiando en grupo y, en la barra, una familia con un bebé y una niña de unos cuatro años que subía y bajaba del taburete sin parar.

Alice aprovechó para consultar el móvil. Andrea le había mandado una foto de unos parches para la ropa que acababan de llegar a la tienda: simulaban tatuajes, con anclas, águilas y corazones. ¡Podían quedar genial en su mochila!

—¿Sois novios? ¿Os besáis? ¿Os vais a casar? —Alice levantó la vista: era la niña del taburete.

—¿Parecemos novios? —preguntó Sasha, detrás de ella. Llevaba una limonada con dos pajitas en una mano y una bolsa de patatas en la otra.

—Compartís vaso. Eso es de novios, ¿no?

—Y de amigos —respondió rápidamente Alice—. Estamos estudiando juntos.

—¿Y no queréis ser novios?

Por suerte, en ese momento, el padre de la niña fue a buscarla con un «no molestes a estos chicos, Carolina». Alice pensó que Carolina tenía un futuro prometedor como detective: ¡menudo interrogatorio!

—¡Mira que pensar que estamos juntos! Cosas de críos... —dijo Alice intentando ocultar su vergüenza.

—¿Tienes? —le preguntó Sasha, mirándola fijamente.

—Tengo, ¿qué?

—Novio.

—No. ¿Por? —Sasha seguía con la mirada fija en ella. ¡Alice no sabía dónde meterse!

—Nada, creía que sí tendrías.

—*Why?* ¿Por qué? —Alice se dio cuenta de que había sonado un poco borde—. Tú estás con Candy, ¿verdad?

—Sí, llevamos ya unas semanas. —El chico finalmente apartó la mirada—. Es maja cuando la conoces.

En lugar de responder, Alice se quedó callada. No quería hablar de Candy. Y menos con Sasha. Así que cogió una patata frita y se la comió como si fuera una ardilla, a pequeños mordisquitos. Él le dio un sorbo a la limonada y se pasó la mano por el pelo varias veces. Tampoco parecía muy cómodo con la conversación.

Esta semana se había cortado el pelo y, desde entonces, se ponía mucho una gorra chulísima que tenía. Andrea había dicho que con gorra no estaba tan guapo... Pero Alice pensaba que la gorra le daba un aire misterioso y hacía que sus ojos fueran todavía más azules.

Alice cogió un boli que había entre las fotocopias con el texto de la obra y empezó a garabatear. Era algo automático en ella: cuando hablaba por teléfono, cuando se aburría en clase o, como ahora, cuando se perdía en sus pensamientos. No se daba ni cuenta.

Pensaba en cómo sería todo si no fuera tan cortada con los chicos. ¡Seguro que Candy jamás habría llevado una camiseta ancha en una cita con Sasha! Y Julia habría aprovechado el interrogatorio de la detective Carolina para bromear sobre la buena pareja que hacían. Incluso Andrea, que era más tímida que ella, se las arreglaba para hablar con los chicos sin parecer borde o una chiflada.

—¿Puedo?

Con suavidad, Sasha apartó la mano de Alice para ver su dibujo: era algo sin sentido. Había empezado con un ojo (de Sasha, aunque con un poco de suerte él no se daría cuenta) y luego le había añadido nubes, rayos y pequeñas gotas, como en los tatuajes tradicionales que había estado viendo en Internet.

—*Oh, sorry*, es tu fotocopia —se disculpó Alice al ver que había dibujado en una de las hojas de Sasha.

—¡¿Qué dices?! Es genial —respondió él entusiasmado—. No sabía que dibujabas.

—Es una tontería. No es que vaya a clases ni nada, pero me gusta.

—Pues deberías, parece un tatuaje de verdad. Mola mucho. ¿Me lo firmas?

Muerta de vergüenza, Alice firmó el dibujo y después Sasha insistió para que le enseñara su cuaderno de bocetos. «Todos los artistas tenéis uno», argumentó. Allí había de todo: garabatos sin acabar, diseños de tatuajes en varios estilos, palabras escritas como para grafitis, retratos más o menos logrados... De todo.

Al mostrarle sus dibujos, Alice se sintió como si le estuviera descubriendo a la Alice de verdad: la que no se corta y tiene sentido del humor y pone los pies encima de la mesa. Él miraba cada página muy serio, haciendo solamente breves comentarios de vez en cuando.

—Vamos, ya está, no seas cotilla —se quejó Alice medio en broma para quitarle el cuaderno. No quería que viera su último dibujo: una mariposa con las alas abiertas y una gran ese en el cuerpo...

—Están muy bien, Alice. ¿Te puedo pedir una cosa?

«Todo lo que quieras...», pensó ella. Aunque respondió un escueto:

—Claro.

—¿Si te consigo un rotulador permanente, podrías escribir mi nombre en la gorra como si fuera un grafiti?

—Tendría que ser blanco o muy claro. Pero me da miedo estropearla. ¿Preparo unos bocetos? El día que quieras lo calco a lápiz y ves cómo quedaría.

—Oh, no hace falta. —Sasha rebuscó un momento en su mochila y, con una gran sonrisa, le mostró un rotulador plateado—. Me fío de ti.

Alice lo cogió, le temblaba un poco la mano. A pesar de las quejas de Sasha, hizo un par de bocetos y, después, dibujó en la gorra bajo la atenta mirada del chico. Sintió que las mariposas de su estómago despertaban de nuevo, y que ahora ya volaban por todo su cuerpo. Pero pudo concentrarse e incluso improvisar añadiendo una flecha a la segunda «a».

Feliz, Sasha cogió la gorra y se la puso. Alice dio el último sorbo a la limonada: ¡la tensión le daba una sed terrible!

—Ven, hagámonos una selfi. ¡Esta gorra valdrá mi-

llones cuando estés en los museos!

Riéndose, más relajada, Alice se acercó para la foto. Él le pasó el brazo por encima del hombro y, mientras levantaba el móvil, le dijo:

—Me gustas, Alice. Digan lo que digan, me gusta ser tu amigo.

Alice salió en la foto con una cara rarísima... 

—¿Sabes? En el fondo me siento aliviada. Como si me hubiese quitado un peso de encima.

—¿En serio?

—Sí, al fin y al cabo, ¿quién tiene novio a distancia a nuestra edad? Tengo que ser libre para poder conocer a más gente, ¿sabes? Además, enfadándome no gano nada...

Alice notó que Andrea estaba más tranquila de lo normal. El otro día, después de llamar a Hugo, se había quedado un poco hecha polvo. ¿Y ahora estaba tan feliz? Seguro que ya le gustaba otro chico. Pasar página está bien... Pero ¡si ahora le gustaba otro chico tenía que contárselo a su mejor amiga!

—¿Quién es? ¿Es mi hermano? —intentó que confesara.

—¡Qué va! Qué pesadita estás con tu hermano...

—¿Aldo? ¿Ernesto?

—¡Noooo!

—¿No será Sasha?

—Pesada...

—¿Carlos? —Alice observó que Andrea arrugaba un poco la nariz—. ¡Es Carlos! Oh, my God! ¡Te gusta!

—No, Al, no me gusta. Solo que es majo... y no sé... lo paso bien con él... —Andrea intentaba esconderse debajo de su largo pelo.

—Oh, pues hay que borrarlo enseguida de mi lista. ¡No nos pueden gustar los mismos chicos! Prométeme que jamás nos gustará el mismo chico. Never, ever, vamos a ir a por el mismo. Eso no debe de pasar jamás. Promise it.

—Ok. Pero no se lo digas a nadie, ¿vale? Todavía no sé si él está por mí. Y quizá se me pase. ¡Ay! Es que hace muy poco de lo de Hugo...

—Por cierto, ¿te ha dicho algo más?

Andrea le contó que la había llamado un par de veces esa noche, pero ella lo bloqueó. Alice la felicitó: ¡el chaval había sido un auténtico piiii! Mira que decirle que todo el mundo sabe que las historias de verano son para el verano... Y que solo había que mantener el contacto para el verano siguiente... Y que, mientras tanto, cada uno era libre de hacer lo que quisiera... ¡Menudo cara dura!

Al final, las dos acabaron riéndose de que Hugo fuera ya «*hugua* pasada»: Andrea se había atragantado con una galleta mientras hablaba y había mezclado las palabras. Y, en ese momento, mientras se reían de un chiste malo sin poder parar, Alice echó un poco de menos su vida de antes, cuando no había ni chicos ni besos ni comadrejas.

Automáticamente, le vino Sasha a la cabeza y se puso seria. Había decidido no contarle lo que le pasaba con él a nadie, ni siquiera a Andrea. A ver si así era menos real. Era complicado... Le gustaba, pero no quería que le gustara. ¿Le pasaría esto a alguien más? ¡Quería quitárselo de la cabeza! Pero como no se la cortara y le creciera una nueva cabeza Sasha-free... Lo veía difícil.

Entonces, se le ocurrió una idea un poco loca:

—Listen, Andrea. ¿Y si vamos a la pelu? 

—¿Por qué? Yo te veo bien...

—*I don't know.* Me apetece *hulgo* nuevo... Es decir, cambiar un poco.

Y las dos volvieron a reírse como nunca hasta que les dolió la tripa. Y más.

19 Andrea

Andrea se miró de nuevo en el espejo. No estaba muy convencida de lo que iba a hacer... Cogió un mechón de su larga melena y se lo enrolló en un dedo: tenía unos bucles preciosos. Y había tenido que insistir mucho para que sus padres le dejaran llevar el pelo tan largo. Claro que era un poco engorroso secarlo con el secador caaaada vez que se lo lavaba. Y también era un rollo tener que sacar pelos del lavamanos todo el rato. Pero era su pelo...

—¿Las puntas y ya? —le propuso, tímida, a Alice.

—Un cambio es un cambio, no unas puntas —respondió su amiga con una sonrisa—. ¿No te da un poco de miedo?

—No, me da mucho miedo. ¿Y si parezco un chico?

—*Oh, my gosh*, Andy. Voy a empezar yo, ¿ok? Si después decides que no quieres, no lo haces. No pasa nada. Pero yo no pienso cumplir doce años con este pelo de niña de cinco.

Andrea miró a su amiga a través del espejo. Mientras esperaban, se había hecho la raya en medio: un poco sí que era un corte infantil. Además, llevar el uniforme de la Saint John no ayudaba... Pero, a pesar de todo, el pelo de Alice era perfecto: un rubio dorado precioso y liso como la seda.

Miró de nuevo su propio espejo e intentó imaginarse a la chica de delante con el pelo corto. ¡Si sentada en la butaca no tocaba el suelo! Y sus rizos ni siquiera tenían forma...

—En fin, me dejaré aconsejar.

—*Good* —concluyó Alice mientras se les acercaba el peluquero.

Habían pedido hora en una peluquería pequeña pero muy guay. Bueno, lo había hecho Alice. Sus padres acababan de darles la paga, así que nada de pelus de barrio ni de grandes cadenas. Además, alguien les había dicho que no-se-qué cantante se cortaba el pelo allí. ¿O era un futbolista? Andrea no se acordaba.

Solo había tres butacas y la tercera estaba vacía, al lado de la puerta de entrada. Detrás, el lavacabezas.

Y al final de un pasillo en el que había una bici, un pequeño baño. Los suelos eran bonitos, con baldosas como las de casa de los abuelos. Y del techo colgaban varias macetas con plantas bastante frondosas. Era un sitio bonito que olía a laca y a madera.

Mientras le lavaban la cabeza a Alice, Andrea se fijó en que el peluquero llevaba los brazos llenos de tatuajes. Tenía una barba espesa y llevaba una camiseta de rayas y unos vaqueros gastados. Se le ocurrió que parecía un poco un pirata. Pero un pirata majo.

Alice le debía de haber dicho algo de lo nerviosa que estaba su amiga porque cuando la sentó en la butaca para empezar a cortarle el pelo, le propuso a Andrea que fuera a echar un vistazo a los cortes del corcho. En una pared había un corcho lleno de fotos con chicas y chicos sonrientes con sus nuevos peinados. Andrea fue a mirar; de hecho, no perdía nada.

Vio flequillos largos y cogotes rapados, melenas larguísimas teñidas de azul, grandes matas de rizos minúsculos, trenzas a un lado... y muchos peinados más normales. Eso le gustó. Aunque no se imaginó con ningún pelo distinto al suyo. Cuando ya estaba pensando en descargarse una aplicación de esas que te sacas una foto y puedes probar encima peinados diferentes, oyó que le preguntaban:

—¿Has visto algo que te guste?

Se dio la vuelta y el peluquero-pirata estaba justo detrás de ella. Le cogió el pelo como si lo pesara.

—Si no lo tienes claro, puedo aconsejarte —le propuso. 😎

Pero Andrea quería ver antes a su amiga. Alice, con una gran sonrisa, se miraba una y otra vez en el espejo. ¡Estaba guapísima! En realidad, no le había dejado el pelo tan corto, pero estaba supercambiada: llevaba flequillo a un lado y muchas capas, y todas un poco locas. Y cuando se movía, ¡bailaban!

—¿Te gusta? *It's crazy, isn't it?*  

—Al, ¡estás genial!

—¿Te podré sacar una foto? —le preguntó el peluquero.

—Luego —respondió Alice. Andrea se quedó un poco cortada...—. Nos gustaría salir las dos juntas. ¿Es posible?

El peluquero sonrió y, con la cabeza, le indicó a Andrea dónde estaba el lavacabezas.

—Andy, *my friend*, no puedo parar de mirarte. 

Andrea le dio un pequeño codazo a su amiga. Andaban por la calle, de regreso a sus casas, y se les había hecho un poco tarde. Sus padres las iban a regañar por pasarse de la hora, pero se veían tan guapas que se paraban en cada farola y en cada escaparate a mirar la foto. El peluquero-pirata les había regalado una de las polaroids cuando le contaron que era la primera vez que iban solas a cortarse el pelo.

Andrea, al final, se había cortado la melena... y bien cortada. Ahora, la llevaba por el cuello. Y en lugar de caer en línea recta hacia el suelo, se le disparaba un poco hacia arriba. Y los rizos estaban mucho más definidos. El peluquero le había dicho que «los rizos, cuanto más ligeros, más se rizan». Por eso, con la melena larga solo se le ondulaba un poco. Además, le había despejado la cara y ahora sus ojos parecían más decididos.

Caminaban y charlaban. Charlaban y caminaban. Y calculaban cuándo podrían regresar a esa peluquería (dentro de muuuucho tiempo, cuando hubiesen vuelto a ahorrar un poco). De repente, Alice la agarró del brazo para que dejara de caminar.

Andrea miró el suelo, por si no había visto alguna caca de perro, pero estaba bastante limpio. Luego miró a su amiga, que tenía cara de haber visto un fantasma. Y luego miró al fantasma. ¡Era Carlos! Y estaba guapísimo con el cuello de la chaqueta levantada y el pelo revuelto por el aire. Andrea alzó un brazo para llamarlo y decirle hola... pero Alice tiró más fuerte de ella. Justo en ese instante, una chica salió de una tienda y se acercó a Carlos para cogerlo del brazo. Parecían muy contentos...

—*I'm sorry, Andy* —le dijo Alice—. Vámonos a casa.

Andrea sintió como si le hubieran dado un mazazo en la cabeza.

—¿Y si los seguimos? Quizá no es lo que parece...

Tenía la esperanza de que fuera su hermana o su vecina... Porque lo cierto es que era guapísima: muy morena, alta como Alice y con una larga cola de caballo color azabache. Andrea se tocó el pelo y empezó a echar de menos todo el que había perdido. ¡Si parecía una actriz de telenovela!

—*Siempre es lo que parece.* Dejémoslos.

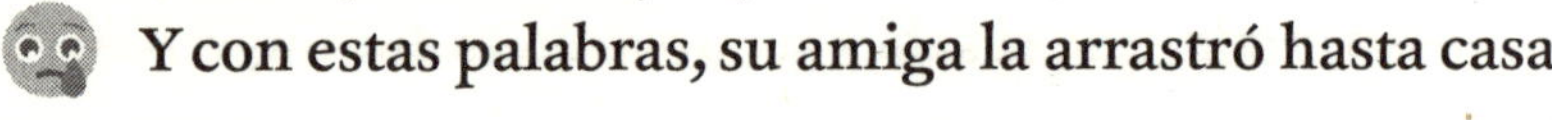

Y con estas palabras, su amiga la arrastró hasta casa.

Andrea siempre se sentía incómoda cuando se encontraba rodeada de chicos y chicas de otras clases. En especial si eran mayores. Y eso es lo que le estaba pasando ahora: se había metido en el pasillo de tercero justo a la hora de la salida y no sabía si quedarse quieta, si sacar la cabeza en las aulas o si esconderse detrás de una taquilla...

—¿Qué haces aquí, forastera? Guau, también lo has hecho. Te queda bien —le dijo Jamie fijándose en su nuevo corte de pelo.

—Eh... Gracias...

—¿Qué haces aquí? —volvió a preguntar el chico—. ¿Te manda mi hermana?

Alguien la empujó al pasar por su lado y los dos chocaron. Fue un microsegundo, pero Andrea se quedó paralizada. ¿Cómo podía ser que siempre oliera a manzanas? Un día se atrevería a preguntárselo...

—*Well*, tú dirás.

Como se había quedado embobada, ahora Jamie la miraba con una cara entre de fastidio y de preocupación. ¿O sería curiosidad?

—Ah, nada, que si sabes seguro que el domingo Alice lo tiene libre.

—No sé, no le llevo la agenda —respondió él caminando hacia la salida.

—Jamie —le detuvo ella tirando de su chaqueta—, es por la fiesta. ¿Recuerdas?

—*Damn it!* —El chico se puso blanco y agachó la cabeza—. Se me olvidó totalmente, *sorry*, Andy.

Andrea quiso lanzarlo muy lejos con una catapulta o hacerlo explotar como un globo. Algo radical, como si fuera una mala de las pelis de James Bond. No era posible que ahora que ya lo tenía todo organizado, Alice no fuera a ir a su propia fiesta... por un despiste de su hermano. *¿Se puede saber qué les pasa a los chicos?*

Sin decir nada, Andrea se dio la vuelta y se alejó de Jamie con toda la dignidad que pudo. Escuchó que la llamaba un par de veces, pero esta vez le iba a costar que lo perdonara...

Bajó las escaleras, cruzó el vestíbulo y salió a la calle como una zombi, sin prestar atención a nada ni a nadie. Le había dicho a Alice que se quedaba trabajando en el proyecto de la moneda con Carlos, así que su amiga no la esperaba. De hecho, le había pedido que le mandara un mensaje «con todos los detalles». ¡Si ella supiera!

Empezó a andar con paso decidido porque no estaba acostumbrada a entrar o salir sola de la Saint John. Aquí y allá había grupitos de alumnos. Buscó su grueso cuello de punto dentro de su cartera, pero ¡horror!, no estaba allí... Y hacía un frío terrible. Ojalá se lo hubiese dejado en el aula o en la taquilla: lo había tejido ella misma y le sabría muy mal haberlo perdido.

—¿Por qué vas tan deprisa? ¿Huyes de alguien?

Carlos se le acercó por detrás casi corriendo, hasta

ponerse a su altura. También andaba encogido por el frío. Le dedicó una amplia sonrisa.

Andrea no tenía muchas ganas de hablar con él. De hecho, desde que lo había visto con aquella chica, lo había estado evitando. Cuanto menos le viera, mejor. Por lo menos, hasta que se le pasara su... su «eso» por él.

—Es que estoy helada. Y quiero llegar a casa.

—Toma, te la presto —le dijo mientras se quitaba su propia bufanda.

Andrea aminoró el paso, sin saber qué responder. ¡Se moría de ganas de cogerla! Pero, por otro lado...

—Vamos, toma, no quiero que te resfríes.

Aceptó. Claro que lo hizo. Se envolvió el cuello con la bufanda de Carlos, que estaba calentita y olía a él, y le dedicó una sonrisa tímida. Aunque, por dentro, ¡estaba flotando de emoción!

20
Alice

—¡Vamos, pruébatelo!

Andrea se había presentado en casa cuando ella estaba tiradísima en el sofá a punto de ver una maratón de su *reality show* de tatus favorito. Vería el final de la temporada tres y el principio de la cuatro dibujando sus propios diseños como si fuera una concursante más. Además, sus padres habían ido a pasar el día a casa de unos amigos y no llegarían hasta la hora de cenar.

—*Happy birthday!!!* —la había saludado su amiga nada más abrirle la puerta. 🎉 🎉 🎉

—Andy, es mañana... —había respondido ella, un poco confusa.

—Mañana hay clase, lo celebraremos hoy. 

Y así, sin preguntarle ni nada, Andrea había decidido cambiarle los planes.

A pesar de que le apetecía muchísimo ver la tele (en el próximo capítulo echarían sí o sí a uno de los favoritos), también se moría de curiosidad por ver lo que le había preparado su amiga. Seguro que era algo importante, porque se había arreglado muchísimo: botas marrones, *leggins* negros y un vestido tipo poncho, con un estampado en varios tonos de marrón y naranja. Ah, y se había pintado los labios.

—¡Vamos! ¿No te gusta? —insistió Andrea de nuevo.

—Brilla mucho, ¿no? —dijo poco convencida.

Lo que brillaba tanto era un vestido —un vestidito— de fiesta de color morado, en una tela fina y deslumbrante. ¡Un regalo de Andrea! Aunque no solían coincidir mucho en el gusto por la ropa...

—Anda, estarás guapísima, ya verás.

Y se lo probó. El vestido le quedaba como un guante, la verdad. No era muy de su estilo, algo corto para poder andar cómoda, pero habría sido ideal para ir a una boda en verano o algo así. En lugar de tirantes, llevaba tres cordoncillos negros cruzados en la espalda. Y el borde de abajo del vestido tenía lentejuelas.

Alice se miró en el espejo. Descalza, con las piernas y los brazos tan blancos y el pelo recogido en una coleta, parecía el hada de los arándanos.

—*Thank you*, de verdad, Andrea, es precioso —empezó a decirle mientras se lo quitaba.

—¿Qué haces? —la detuvo—. ¡Es para celebrar tu cumpleaños!

Y entonces empezó una discusión de veinte minutos que se podría resumir así:

—Voy a tener frío.

—Vas a estar genial.

—No tengo zapatos que combinen.

—Vas a estar genial.

—Me veré demasiado arreglada. 

—Vas a estar genial.

—Se me verá el trasero.

—VAS A ESTAR GENIAL.

Por suerte para Alice, en su casicumpleaños, Andrea la dejó negociar: llevaría el vestido, pero también algo más de ropa para sentirse cómoda. Así que se puso unos vaqueros negros nuevos, unas deportivas también negras que le habían comprado sus padres para que fuera «un poco arreglada» por Navidad y una cazadora vaquera. Iba a ponerse un gorro, pero su amiga no la dejó:

—No, no, NO. Te vamos a peinar, nos pondremos un poco de brillo de labios, ¡y saldremos a celebrarlo!

Alice se sentía un poco ridícula tan arreglada y en el autobús un domingo casi a la hora de la siesta. ¿Adónde iban? Andrea no se lo había querido decir, de modo que seguro que era alguna sorpresa. Esperaba ir al cine o a merendar a un sitio guay... Pero ¿en bus?

—Ya estamos, esta es nuestra parada —anunció su amiga tras consultar el móvil.

A su alrededor, Alice solo vio edificios de viviendas con tiendas cerradas. Lo único que parecía vivo era un colmado de 24 horas: ¡las luces del escaparate habrían dado para iluminar toda la ciudad! ¿Dónde estaban?

Andrea la llevó hasta uno de los bloques, en el que se veía

un jardín interior. Llamaron a un timbre y la puerta (una reja metálica) se abrió. Ninguna pista todavía. Su amiga consultó de nuevo el móvil.

—*Come on, Andy!* ¿No piensas decirme adónde vamos?

—¡Shhh! Ya llegamos. 

Cruzaron el jardín. Aunque era de día, no había ni un solo niño jugando a la pelota o en los columpios, y algunos pisos tenían las luces encendidas. Era un sitio muy tranquilo. Entonces las dos se acercaron de nuevo al edificio: había una pequeña puerta metálica, como de trastero, con un cartel de cartón: «*Entra, Alice*». No se oía nada, ni había luz.

Andrea sonrió. Parecía casi tan nerviosa como ella. ¿De qué iba todo aquello?

—Abre, ¿no? —dijo, finalmente, su amiga.

Alice tragó saliva, cogió la manecilla de la puerta y abrió.

Pero no pasó nada. Dentro estaba todo oscurísimo.

—¿Es una broma? —le preguntó a Andrea.

Y, en ese instante, en medio segundo, se escuchó un

clic, las luces cegaron a Alice y unas voces invisibles gritaron «¡¡¡FELIZ CUMPLEAÑOS!!!».

¡Menuda encerrona! ¡Y menuda vergüenza pasó! ¡Era una fiesta sorpresa! Miró a su alrededor sin saber a quién saludar. Había globos y carteles y alguien puso música.

—Prohibido agobiarla —dijo Julia subiéndose a una silla—. Hay merienda, habrá tarta y esto es una fiesta, o sea que ¡a bailar, charlar y reír!

Alice y Andrea la saludaron a ella primero.

—Es un local que los vecinos usan para fiestas, reuniones y lo que haga falta. ¡Espero que os guste la decoración! Las chicas me han ayudado —dijo señalando a su pandilla de clase.

—Les dije a todos que podían traer a quien quisieran. Cuantos más, mejor, ¿no? —le susurró Andrea.

Alice sonrió. ¡Claro que sí! Estaba encantada. ¡Y todos se habían puesto elegantes! Ángela y Claudia estaban charlando con Javi y sus amigos del cole de primaria, Chris y Pablo. Katrine y Aldo jugaban a tirar ganchitos al aire y cazarlos con la boca. ¡Y también estaba Carlos! Alice se alegró por Andrea... hasta que vio que había ido con la chica guapa de la cola de caballo. ¡Menuda cara!

—¡Felicidades, Alice! —la saludó—. Os presento a Nat.

—Encantada —respondieron ella y Andrea a la vez e igual de cortadas.

—Gracias por dejarme venir, no conozco a mucha gente por aquí todavía —dijo la chica.

—Nat y su familia se están mudando: hasta ahora han vivido en San Diego, en Estados Unidos —les aclaró Carlos—. Y ahora ella se quedará aquí, en mi casa, mientras sus padres acaban de cerrar temas allá, ¿verdad, Nat?

—¿Sois novios? —lanzó Alice antes siquiera de pensarlo. Andrea le pisó con sus botazas y ella tuvo que ahogar un grito de dolor.

—¿Novios? —preguntó el chico riéndose—. ¡Somos primos!

—Nuestras madres son hermanas. ¿No nos parecemos? —añadió ella, cogiendo por el hombro a Carlos.

Alice y Andrea intentaron disimular sus caras de pasmarotes con sonrisas. Y enseguida cambiaron de tema preguntándole a Nat por su vida: ¿iría a la Saint John?, ¿cómo era vivir en América?, ¿tenía amigos aquí?, ¿de dónde venía el nombre de Nat?

HAPPY
BIRTHDAY

—De natillas, evidentemente —bromeó Carlos. Alice nunca lo había visto tan relajado. Solía ser un chico más bien tímido en clase.

—De Natalia, por supuesto —lo corrigió ella.

Entonces, alguien llamó muy fuerte a la puerta de metal. ¿Quizá estaban armando demasiado alboroto? Julia fue a abrir... y apareció Sasha.

A Alice se le cortó un segundo la respiración y sintió cómo le subían los colores. ¡Estaba como un queso! Con su sonrisa y sus vaqueros y su sudadera negra. Se acercó hacia él para saludarlo y entonces escuchó unas voces en el jardín.

—No te quejes, me ha prometido diez minutos y ya está.

—Es que no entiendo por qué hemos tenido que venir nosotros.

—Porque sois mis amigos.

—¿Y te parece muy normal que vaya al cumple de esa?

¡Las comadrejas! ¡Había llevado a las comadrejas! Alice miró a Sasha a los ojos: había escuchado la conversación de afuera tan claramente como ella. Así que le dedicó su mejor sonrisa y salió. Ahora ya no tenía dudas de que, con él, no había posibilidad alguna...

—¡Chicos! ¿Qué hacéis aquí? Vamos, os vais a congelar. ¡Gracias por venir! Sasha me ha contado que os daba vergüenza entrar...

Y, sin volver a mirar al chico, regresó a la fiesta seguida de Candy, Rudy y Vicky.

«... te deseamos todos, ¡cumpleaños feliz!».

—¡Pide un deseo!

Alice cerró los ojos y pidió su deseo. Y después sopló las velas con todas sus fuerzas y todos aplaudieron. ¡Hasta Candy! Aunque solo lo hiciera por quedar bien ante tanta gente de la Saint John.

Su deseo fue quitarse de la cabeza a Sasha. No podía estar colada por un chico así. Por muy simpático y guapo que fuera, estaba con Candy. ¡Y la había llevado a su fiesta a pesar de todo lo que le había hecho a ella! Cuando acabaran la obra, cortaría cualquier contacto con él. Era lo mejor.

—Alice, nosotros nos vamos. Esto es para ti.

Sasha la pilló con un trozo de tarta de galletas y chocolate en la boca. La habían hecho las gemelas y estaba deliciosa.

—Gracias —dijo después de tragar, ya con el regalo en la mano.

Iba envuelto en papel de regalo de Mickey Mouse, todo muy maduro. Quiso reírse, pero no estaba segura de si tenía algo pegado en los dientes... De manera que lo abrió sin más.

¡Era un estuche de rotuladores de dos puntas! ¡Y había más de veinte colores!

—Es para que dibujes y eso. Ya sabes, tus cosas —dijo en un tono de complicidad que confundió a Alice.

Sasha le dio un beso en la mejilla y, sin despedirse de nadie más, se fue de la fiesta llevándose con él a las comadrejas, que dijeron un «chao» general. Se habían comportado y eso ya era mucho.

Andrea se le acercó enseguida.

—¿Qué ha sido eso?

—Tú le invitaste, ¿no? Las ha traído con él, es su novia.

—No, no. ¿Qué ha sido «eso»? He visto cómo lo mirabas.

—Andy... Déjalo, *please* —suplicó, abrazada al estuche de rotuladores.

—Bueno, porque es tu fiesta, pero mañana no te libras, ya te lo digo.

—Y es una fiesta estupenda —le dijo agradecida.

—Claro, la he montado yo, que *soy tu best friend forever*. Con comadrejas incluidas. ¿A que no te lo esperabas?

—Desde luego que no...

21

Andrea

¡Riiing! ¡Riiing! ¡Riiiiiing!

Sabía que estaba en casa e iba a hablar con ella aunque tuviera que quemar el timbre para que le abriera la puerta. Alice se las había arreglado para evitar la conversación que tenían pendiente... ¡Durante una semana entera! Era sábado. Era temprano. Y su mejor amiga le debía una conversación.

—*Good morning, darling.* Espero que estos timbrazos no sean por mí.

—Ah, hola, Jamie. ¿Te he despertado? —¿Por qué nunca le abría Alice?

—No, claro que no, estaba preparándome para el partido.

Andrea lo miró de arriba abajo. Llevaba el pelo revuelto, vestía un chándal lleno de bolas que seguramente sería su pijama y andaba descalzo. Claro que estaba durmiendo.

—Al está en la ducha. ¿Has desayunado? ¿Te apetece una manzana? —le ofreció mientras le daba un bocado a una.

—¿Siempre comes manzanas?

—*One apple a day keeps the doctor away* —dijo él como respuesta.

—Me gusta como huelen —afirmó Andrea, acercando la cara al cesto de la fruta.

—*Y a mí me gustas tú* —dijo Jamie, dando otro bocado y saliendo de la cocina—. Voy arriba. Sube si quieres, Alice ya habrá acabado. —Se oyó ya desde la escalera.

Andrea se quedó totalmente descolocada. ¿Le había dicho que le gustaba? ¿Así, sin más? ¿Sería una broma, no? Sí, seguro que era algo que le decía a todo el mundo... Jamie, ¿colado por ella?

—Tierra llamando a Andrea. ¿Me oyes? ¿Has visto un fantasma o qué?

Alice le tocó el hombro y ella se sobresaltó un poco. Se había quedado tan enfrascada en sus pensamientos que no había oído bajar a su amiga.

—¿Qué haces aquí? ¿No tenemos ensayo?

—Sí, el último —respondió. Y, decidida, añadió—: Pero antes me vas a contar qué te pasa con Sasha. Hoy no te escapas.

Y se lo contó. Alice le confesó que Sasha le gustaba mucho, que habían tenido momentos muy bonitos, pero que él solo la veía como a una amiga. Por eso no le había dicho nada. Andrea sabía cómo se sentía, le había pasado un poco con Carlos, cuando lo habían visto con Nat la primera vez. Pero, claro, Candy no era lo mismo... ni mucho menos.

—¿Estás convencida al cien por cien de que no le gustas ni un poquito?

—I don't know —respondió su amiga. Estaba bastante desanimada— Pero da igual. Tengo que olvidarme de él...

—Yo lo he visto con la gorra que le hiciste —intentó animarla Andrea.

—Y yo he visto a Candy con ella... —Alice sonrió, aunque la sonrisa no le llegó a los ojos—. Déjalo, faltan muy pocos días para la obra. Después todo habrá pasado.

—Por cierto, si no espabilamos, llegaremos tarde. ¡Y sin ti no pueden empezar!

Hoy era ya el último ensayo, el ensayo general, con todo el vestuario, los decorados, música, iluminación. Todo. Así que les esperaba una mañana movidita.

Andrea vio que se abría el telón desde uno de los extremos del escenario. No quería perderse ni un detalle, pero como había cambios de vestuario durante la función, la habían dejado quedarse entre bambalinas, por si acaso algún actor necesitaba su ayuda. Asomó la cabeza un segundo y vio que en las butacas estaban los profesores y la mayoría de sus compañeros: ¡era la primera actuación con público de verdad!

—¿Cómo van?

—¡Shhh! ¿Qué haces aquí? ¡Ve adentro!

—Si yo no aparezco hasta la tercera escena...

Juntas, ella y Alice vieron la reyerta callejera entre Montescos y Capuletos, y cómo Candy, vestida de príncipe, hacía su gran aparición para condenar a muerte al que volviera a pelearse. Andrea pensó que no actuaba mal, pero que el papel de árbitro no le venía nada bien: ¡con lo lianta que era!

Cuando Sasha entró en el escenario, justo por el lado opuesto al suyo, Andrea le apretó la mano a su amiga.

—Vamos, Alice, nos toca pronto —dijo Julia detrás de ellas.

Y, mientras ambas fueron a prepararse, ella se quedó allí, mirando la obra que desde siempre había sido su favorita. Actuar habría sido un sueño para ella, pero la verdad es que lo había pasado bien preparando vestidos y complementos. Y, además, también le gustaba poder disfrutar de la historia sin tener que preocuparse de dónde poner los pies o de cuáles eran las palabras que debía pronunciar.

Alice y Julia hicieron su primera aparición y Andrea se emocionó. ¡Qué bien se entendían! Salían con Clara, de su clase, que hacía de madre de Julieta: ella y la nodriza Julia la tenían que convencer para que se casara con Paris. Todavía no se conocían con Romeo.

—Es fascinante verlo desde aquí, ¿verdad?

—Es mágico —respondió ella, mientras se le aceleraba el corazón. ¿Qué hacía Carlos allí?

—Yo controlo las luces, que no haya cortocircuitos, ya sabes —dijo él, como si le hubiese leído el pensamiento.

Andrea tenía pensado ir a abrazar a las chicas en cuanto salieran del escenario, pero la aparición de Carlos hizo que cambiase de planes. Lo miró de refilón. Quizá no fuera el más guapo de la Saint John, alto, delgado, más de mates que de goles y remates... pero no hacía falta que lo fuera: a ella le gustaba.

Empezó una nueva escena, esa en la que Romeo y sus amigos deciden colarse en el baile. Romeo está medio depre porque una prima de Julieta, Rosalina, no le ama.

—¡Estás enamorado! ¡Pídele alas a Cupido y remóntale con ellas! —recitó Pete haciendo de Mercucio.

Entonces, Sasha no le dio la réplica. ¿Formaba parte de la actuación? ¿Se le había olvidado el texto? ¿O el tema le había hecho pensar en Alice? Andrea pensó que podía ser... Se hizo un silencio un poco incómodo.

Los chicos que estaban en el escenario empezaron a susurrarle cosas a Sasha.

—Estoy tan malherido por sus flechas que no me sostendrán sus leves alas —dijo, entonces, Carlos a su lado. Y Sasha lo repitió—. Y tan atado estoy por mis dolores que no podré elevarme y derrotarlos —continuó el chico. Ufff, ¡por fin!

Andrea miró de nuevo a Carlos. Con la mirada fija en el escenario, el chico pronunció la última frase a la vez que Romeo: «¡El grave peso del amor me abruma!». Y clavó los ojos en ella, que apartó la mirada muerta de vergüenza.

—Has salvado la escena —dijo en cuanto se recuperó.

—Oh, ¿no te conté que me la sé de memoria? Mi madre...

—... te la leía. Sí, me acuerdo...

—Andy, es superromántico. ¿Cómo no me lo habías contado hasta ahora?

—¿Porque me muero de vergüenza? —respondió ella, tomando un sorbo de su chocolate caliente.

—Ya me ha parecido que te miraba muy

embobado mientras presentabais el proyecto de la monedita esta mañana.

—¿En serio? —picó ella—. Era el proyecto del azar, por cierto. Y, para que lo sepas, envidiosa, la señorita Díaz nos ha puesto un sobresaliente.

—¡Tú dirás! Si estás en el equipo del cerebrín enamorado...

Alice empezó a hacer caras bobas y a reírse, y Andrea no pudo evitar ponerse roja como un tomate. En realidad, deseaba que su amiga tuviera razón y que Carlos estuviera un poco colado por ella...

El día del ensayo estuvieron un rato más mirando desde el lateral del escenario, hasta que los chicos de la escenografía les pidieron paso. Andrea se fue a echar una mano con los cambios de vestuario y estuvo todo el rato pendiente de volver a verlo... Pero no se habían vuelto a cruzar hasta esa misma mañana, para acabar de ultimar la presentación.

—¿Qué te parece este? —le preguntó Andrea, un poco para cambiar de tema, mostrándole un parche para ropa con un dibujo de Papá Noel.

—Horroroso. Trae, ¿me lo pondrás en el uniforme? Así pegaré con la decoración de la Saint John —bromeó Alice, mientras probaba cómo quedaría el parche en una de las mangas del jersey.

—Me encanta la Navidad, pero las decoraciones las encuentro penosas...

—Eso es porque aquí casi nunca nieva... *Let it snow!* —cantó su amiga lanzando al aire un montón de copos de nieve de ganchillo.

Como Navidad estaba a la vuelta de la esquina y en la Saint John todo el mundo pensaba ya en las vacaciones (profesores incluidos), las dos amigas habían ido a echar una mano a la mercería de la madre de Andrea después de clase. Tenían la misión de ordenar todos los parches, botones, cintas y alfileres de temática navideña... ¡y de diseñar un escaparate! A cambio de merienda, claro.

Hasta el momento, no habían tenido muchas ideas... Pero es que nada de lo que encontraban era muy inspirador: ¿quién usaba botones en forma de los tres Reyes Magos?

—¿Y si hacemos trampas? —sugirió Alice.

—¿Trampas? —preguntó, confundida, Andrea.

—*You know, the world wide web...* —aclaró su amiga, enseñándole el móvil.

Y en veinte minutos encontraron un diseño perfecto para el escaparate de El botón de Graciela. Ahora solo faltaba que los elfos del Polo Norte fueran a ordenar el resto de trastos...

En un periquete, Andrea construyó un árbol de Navidad a base de ovillos de color verde, mezclando lana con hilo y distintos tonos. Los unió clavando aquí y allá agujas de tejer de las gordas. Del árbol, colgaron los copos de nieve que había encontrado Alice y unos parches en forma de estrella. Y, debajo, como si fueran regalos, pusieron una bufanda a medio tejer, un jersey de bebé y un muñeco de Mickey Mouse que había hecho su madre en el grupo de labores, e incluso quedó espacio para la caja de botones de Sus Majestades de Oriente, como si fueran canicas.

¡El escaparate les quedó genial! Por lo menos, un montón de personas se pararon a ver lo que estaban haciendo y las animaron desde la calle. ¡Y alguno hasta sacó fotos!

22
Alice

Alice se sentó sobre un tobillo. Intentaba buscar una postura más cómoda encima de la silla. ¿Cuántas horas llevaba hablando el señor Alonso? Seguramente, sería menos de una... pero **¡la clase se le estaba haciendo eterna!** ¿No se había enterado de que era el día de la obra? Y cada palabra que añadía era un segundo menos que ella tenía para concentrarse...

Miró disimuladamente hacia atrás. Sasha había sido más listo, se había saltado la charla de final de trimestre del tutor. Alice suspiró, pero seguramente lo hizo demasiado fuerte, porque el profesor se detuvo delante de ella y levantó una ceja. Por suerte, no le preguntó qué le parecía lo que estaba diciendo, porque, la verdad, es que no se estaba enterando de nada. ¡Qué nervios!

Harían dos pases: uno a las cuatro, para los alumnos, y otro a las siete y media, para los padres. Mañana ya tendrían vacaciones y podría dedicar unos días a sus tres D favoritas: dormir, dibujar y descansar. Y a comer, cotillear con Andrea y ver la tele. Y a pasear y hacer regalos y recibirlos. ¡Vivan las vacaciones! Además, sus padres todavía no lo habían decidido, pero tal vez fueran a pasar la Nochevieja con su granny, ¡en Londres!

—Al, ¿vamos?

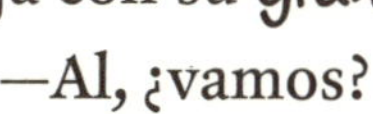

Se había quedado tan enfrascada pensando en las vacaciones que no se había dado cuenta de que el señor Alonso ya no estaba hablando... A su lado, Andrea la esperaba de pie, con la cartera colgando del hombro y el abrigo en el brazo.

—Vamos, vamos.

Mientras recorrían el camino hasta el auditorio, las conversaciones a su alrededor fueron pasando de tranquilas a eufóricas: ¡todo primero estaba con los nervios a flor de piel por el estreno de la obra! Todos habían participado de un modo u otro en Romeo y Julieta y todos esperaban que fuera un éxito. Aunque Alice tenía muy claro que, en su caso, era fundamental que mantuviera la calma...

Antes de comer harían juntos unos pocos ejercicios

de relajación con miss Fountain: gritar, pegar saltos, hacer el molinillo con los brazos y cosas parecidas. Algunos pensaban que eran bobadas, pero a Alice esos ejercicios le venían muy bien para no pensar en nada.

Después de comer regresarían solo los actores para acabar de prepararse para el estreno: concentrarse, vestirse, maquillarse... Y, finalmente, ¡arriba el telón!

—¿Cómo lo llevas, Julieta? —le preguntó Andrea mientras dejaban las mochilas en un rincón.

—*Ready for my tragedy* —respondió ella con una sonrisa.

—A quien no he visto es a Sasha —comentó Julia con la boca llena de uvas.

—Yo hoy no lo he visto en ninguna clase —informó Javi.

—¿¡No!? —Ángela puso cara de preocupación.

—No os preocupéis, ya aparecerá. Estará concentrándose —concluyó Alice.

Aunque en realidad sí empezaba a preocuparse. Miró a Andrea, que sonrió para tranquilizarla. Su amiga no había dicho nada sobre el tema, pero Alice sabía que se había fijado tan bien como ella en que Sasha no estaba por ninguna parte... ¿Cómo iba a hacer de Julieta sin Romeo?

Alice se acabó deprisa su mandarina y se puso de pie: ya no podía aguantar más.

—Me voy al auditorio, nos vemos en un rato.

—¡Espera! Voy contigo —se apresuró a decirle Julia, mientras recogía los restos de su comida—. ¡Hasta ahora, chicos!

Se despidieron rápidamente de sus amigos y cruzaron la cafetería sin mediar palabra. Alice echó un vistazo hacia donde solían comer las comadrejas, pero no estaban allí.

Cuando llegaron al auditorio, ya había algunos chicos y, poco a poco, fueron llegando todos... excepto Sasha. A miss Fountain no pareció importarle, porque empezó sus ejercicios sin siquiera comentarlo.

Sin embargo, cuando aparecieron los compañeros que se encargarían del vestuario, la iluminación, los cambios de decorado y demás, empezó a correr la voz de que no había Romeo. Y, entonces, miss Fountain, dijo que se iba a llamarlo...

Mientras tanto, el señor Alonso siguió organizando todo como si no pasara nada porque les faltara uno de los protagonistas. ¡Alice estaba atacada! Y sus compañeros también.

—Quizá le ha pasado algo —escuchó que comentaba Aldo, que estaba preparando los decorados.

—¿Van a anular la representación? —preguntó el actor que representaba a Paris a Toni, un chico de la otra clase que hacía de fraile.

—¿Candy no lo sabrá? 

Justo en ese instante, miss Fountain reapareció con noticias frescas. Dio unas palmas para que todos la escucharan. Alice, a medio peinar, se unió a sus compañeros. Por suerte, Andrea estaba a su lado.

—Sasha Cormack está con gripe desde ayer por la tarde, con fiebre muy alta, me ha dicho su madre. Se ve que una compañera tenía que informar al centro...

Evidentemente, todas las miradas se dirigieron hacia Candy, su «novia».

—He informado a Óscar esta mañana, ¿no os lo ha dicho? —comentó ella, con cara de no haber roto un plato en su vida.

¿Al conserje? ¿Se lo había comunicado al conserje y no se le había ocurrido pensar en la obra de teatro? Los murmullos de indignación empezaron a subir de tono hasta que el señor Alonso intervino.

—Tranquilos, chicos. Cada uno a lo suyo. Ahora vemos cómo lo arreglamos.

Pero Alice sabía que no había solución. Sintió

como si a su alrededor todo se derrumbase. En realidad todo había empezado por la estúpida idea de dar un beso, pero la obra, poco a poco, se había convertido en un proyecto que le encantaba. Además, ¡todos habían puesto tanto empeño para que fuese un éxito!

—Puede hacerlo Carlos —anunció Andrea.

Alice estaba decidiendo si se vestía de Julieta o no. Miró a su amiga con cara de no entender nada. Carlos miraba fijamente el suelo.

—Carlos se sabe el papel de Romeo. ¿Verdad? —le preguntó.

El chico asintió.

Algunos compañeros, a su alrededor, se unieron a la conversación.

—¿Puedes hacerlo? —preguntó alguien.

—Creo que sí —dijo él, tímidamente.

—Pero no ha ensayado —objetó una voz detrás de ellos. Alice hubiese jurado que era la de Candy.

—Pero se sabe el texto y está aquí —lo defendió Julia.

—Todos hemos trabajado mucho en este proyecto —anunció en voz más alta Andrea—. Sasha no está. Estas cosas pasan, pero las compañías tienen actores suplentes. Y Carlos es nuestro Romeo suplente.

Todo el mundo se fue animando hasta que el ruido llamó la atención de miss Fountain y el señor Alonso.

—¿Qué pasa aquí?

Los alumnos les resumieron lo que ya habían medio decidido y los profesores estuvieron de acuerdo: que Carlos representara a Romeo era la mejor solución.

—Andrea —llamó miss Fountain—, ¿puedes adaptarle el vestuario?

—Es un poco más alto —respondió ella—, pero no hay nada imposible. A ver qué se puede hacer.

Y antes de que su amiga se fuera a trabajar a contrarreloj para arreglar la ropa del nuevo Romeo, Alice la abrazó muy fuerte.

—No puedo creerme que le vayas a besar antes que yo —le susurró su amiga.

—No va a ser un beso de verdad —le respondió al oído.

¡Fue todo como la seda! Y en la actuación con los padres, ¡todavía mejor! Alice salió al escenario un poco nerviosa, pero poco a poco se fue relajando. Ayudó mucho que Julia improvisara un par de chistes que hicieron reír al público (¡incluso a miss Fountain!). Y, por suerte, ella no se cayó ni una sola vez.

En las dos representaciones, al acabar, mientras el público aplaudía de pie, todos los compañeros insistieron para que Andrea saliera a saludar con los actores. ¡Alice estaba tan contenta por su amiga! Les había salvado la tarde y, además, lo había podido hacer con el chico que le gustaba.

Lo cierto es que a Carlos la ropa de Romeo le quedaba un poco holgada, pero Andrea se las había arreglado para acortarle las perneras y las mangas.

—¡Por fin! ¡Ya está!

Las dos se habían escabullido a tomar el aire un momento mientras los demás empezaban a recoger. No había prisa: la Saint John había encargado cena para que los chicos celebraran el estreno, así que sus padres no las esperaban.

—¿Cómo te has sentido?

—Andy, ya te he dicho que no sería un beso de verdad. ¿No ves que está coladito por ti?

—¿Y lo demás? —Alice sabía que su amiga se había puesto roja como un tomate, aunque ya fuese de noche y no le viera la cara.

Había planeado hablar con ella entre una y otra representación, pero al final se habían quedado sin tiempo: el señor Alonso les había hecho merendar en grupo «para reponer fuerzas» y después habían tenido que preparar todo de nuevo para la actuación con los padres.

—Bien. Con él no hay la misma chispa que con Sasha, ya me entiendes. Pero he me he sentido muy cómoda. ¿Te ha comentado algo?

—No, bueno... Es que es un poco tímido. Y como su actuación ha sido una sorpresa, su padre ha ido enseguida a felicitarle y no he podido hablar con él.

—¡Uh, uh! Claro, «hablar»...

—Al, no seas pesada. Vamos, me está entrando frío.

Alice le pasó el brazo por encima del hombro y, juntas, regresaron al interior del auditorio. ¡Sus compañeros estaban todos contentísimos! Eso sí era un buen trabajo en equipo. Entonces, se acordó de Sasha. Le sabía mal que se lo hubiese perdido. Al fin y al cabo, él no había elegido coger la gripe... Buscó su móvil para mandarle un mensaje y vio, sorprendida, que él se le había adelantado:

«¡Enhorabuena, Julieta! Ya me he enterado de que ha sido un éxito, me alegro mucho. Aunque espero seguir siendo tu Romeo favorito... Un beso».

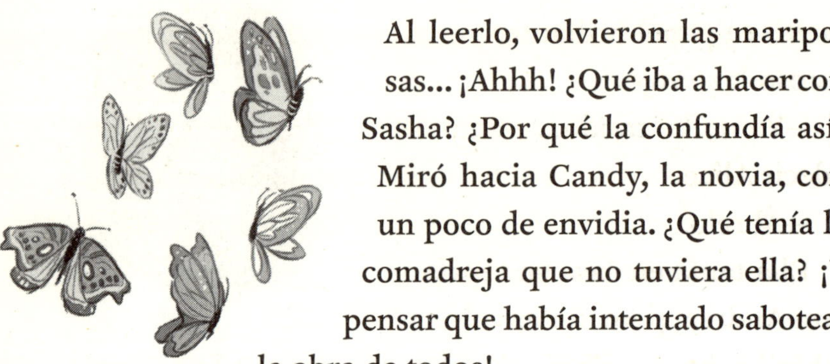

Al leerlo, volvieron las mariposas... ¡Ahhh! ¿Qué iba a hacer con Sasha? ¿Por qué la confundía así? Miró hacia Candy, la novia, con un poco de envidia. ¿Qué tenía la comadreja que no tuviera ella? ¡Y pensar que había intentado sabotear la obra de todos!

¿Le daba las gracias y le deseaba que se recuperara? ¿Fingía que no había recibido el mensaje? ¿O bien iba a por todas y le respondía que él era su único Romeo? Alice jamás se había sentido tan rara: ¡no sabía qué hacer!

Entonces miró a Andrea, que estaba recogiendo sus bártulos de costura y de repente «vio» la solución: tenía que pedirle opinión a su amiga. Al fin y al cabo, nadie la conocía como ella...

—¿Sabes qué? Dejaremos a los chicos para mañana. Hoy, va a ser nuestra noche —decidió su amiga, poniéndose la corona de Julieta.

—*Ladies night?* —preguntó Alice con una sonrisa.

—*Ladies night!* Hoy ni los chicos ni las comadrejas ni nada van a impedir que lo pasemos en grande. Por cierto, tengo un regalo para ti.

Andrea le puso en las manos un gran paquete envuelto en papel brillante, con un vistoso lazo rojo.

—Yo no he traído... —empezó a decir Alice.

—Ábrelo.

Ella tenía en casa su regalo para Andrea, pero sin envolver: le había hecho un dibujo de ellas dos, inspirado en una foto que se habían sacado en su cumple. Lo había puesto en un marco y todo.

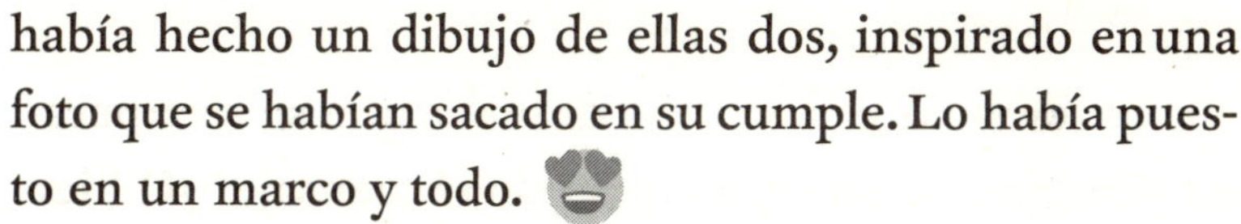

Su amiga insistió de nuevo y ella desenvolvió el paquete con cuidado. ¡Eran dos bufandas de punto a rayas anchas! Una era de color amarillo girasol y marrón y la otra, verde lima y rojo.

—Hay una para mí.

Ambas se las pusieron a la vez.

—¿Las has hecho tú? —preguntó Alice. Aunque ya sabía la respuesta. ¡Era tan dulce y calentita!

—¡Y van personalizadas!

Andrea le mostró uno de los extremos de su bufanda: había bordado «Amigas para siempre» en hilo dorado. Alice la abrazó. ¡No había mejor regalo que la amistad!

Alguien puso música por megafonía, rompiendo la magia del momento: era una canción comercial muy pegadiza. Nada del estilo de Alice ni del de Andrea... Pero ¡la verdad es que animaba el ambiente! Y las dos amigas se pusieron medio a bailar mientras bromeaban, recogían las cosas de la obra y preparaban la mesa para la cena. ¡Estaban muy contentas! Habían superado el primer trimestre en la Saint John, Navidad estaba a la vuelta de la esquina y estaban juntas. ¿Qué más podían pedir?

Las autoras

Maria Ayguadé siempre ha perdido la cabeza por los libros. De pequeña, no comía ni dormía ni hacía sus tareas hasta que acababa la última página de libro que tenía entre manos. Y, de mayor, sigue un poco igual... Ahora se dedica a jornada completa a sus tres pasiones: editora de libros personalizados, escritora de historias para niños y jóvenes, y lectora de cuentos de buenas noches a sus hijas.

Laia López es una ilustradora nacida en Barcelona. Graduada en Bellas Artes, es autodidacta en su estilo artístico. Actualmente, trabaja en varios proyectos ilustrando libros infantiles y juveniles. Con más de 800.000 seguidores en las redes sociales, actualiza a diario sus cuentas con sus bocetos, fanart y los procesos de creación de sus ilustraciones, tanto digitales como tradicionales.

Acompaña a
Amelia en sus monstruosas
aventuras.

¡NO MUERDE!

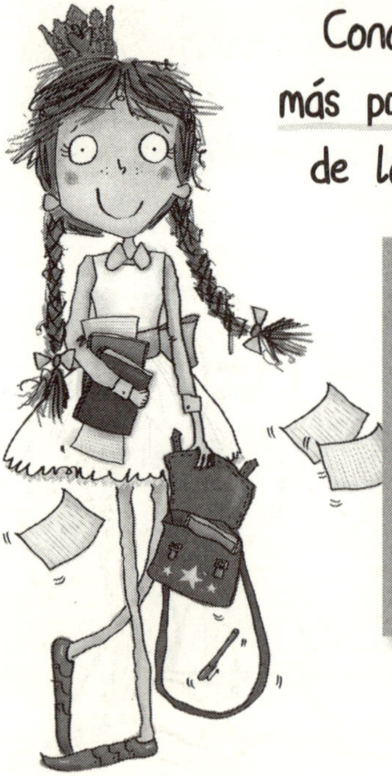

Conoce a la Princesa
más patosa de la Escuela
de los Cien Torreones

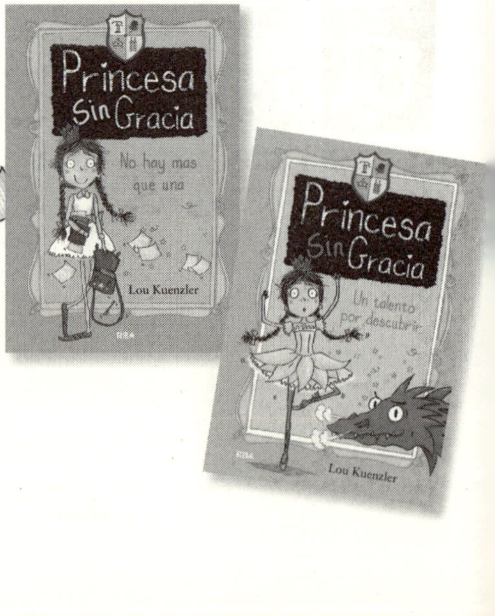

diario de NIKKI

¡COLECCIONA TODOS MIS DIARIOS!

...
PFFT
¡Mi Romeo!